C. G. Jung

# Symbole und Traumdeutung

# C. G. Jung
# Symbole und Traumdeutung

## Ein erster Zugang zum Unbewußten

Bearbeitet von
John Freeman

EDITION C. G. JUNG

Der Text von C. G. Jung ist dem Buch *Der Mensch und seine Symbole* von C. G. Jung, Marie-Louise von Franz, Joseph L. Henderson, Jolande Jacobi und Aniela Jaffé (© der deutschsprachigen Ausgabe Walter Verlag, Olten 1968) entnommen. Die Originalausgabe erschien unter dem Titel *Man and His Symbols* bei Aldus Books Limited, London, © 1964 J. G. Ferguson Publishing Company. Übersetzer des ursprünglich auf englisch verfaßten Beitrags von Jung: Klaus Thiele-Dohrmann.

MIX
Papier | Fördert gute Waldnutzung
FSC® C014138

Die Verlagsgruppe Patmos ist sich ihrer Verantwortung gegenüber unserer Umwelt bewusst. Wir folgen dem Prinzip der Nachhaltigkeit und streben den Einklang von wirtschaftlicher Entwicklung, sozialer Sicherheit und Erhaltung unserer natürlichen Lebensgrundlagen an. Näheres zur Nachhaltigkeitsstrategie der Verlagsgruppe Patmos auf unserer Website www.verlagsgruppe-patmos.de/nachhaltig-gut-leben

Übereinstimmend mit der EU-Verordnung zur allgemeinen Produktsicherheit (GPSR) stellen wir sicher, dass unsere Produkte die Sicherheitsstandards erfüllen. Näheres dazu auf unserer Website www.verlagsgruppe-patmos.de/produktsicherheit. Bei Fragen zur Produktsicherheit wenden Sie sich bitte an produktsicherheit@verlagsgruppe-patmos.de

Bibliografische Information der Deutschen Nationalbibliothek
Die Deutsche Nationalbibliothek verzeichnet diese Publikation in der Deutschen Nationalbibliografie; detaillierte bibliografische Daten sind im Internet über http://dnb.d-nb.de abrufbar.

12. Auflage 2025

Verlagsgruppe Patmos in der Schwabenverlag AG,
Senefelderstr. 12, 73760 Ostfildern
www.patmos.de

Umschlaggestaltung: Finken & Bumiller, Stuttgart
Druck: Finidr s.r.o., Český Těšín
Hergestellt in Tschechien
ISBN 978-3-8436-0105-4

EDITION C. G. JUNG im Patmos Verlag

*«Das Unbewußte hat eine kräftige, bilderreiche Sprache. Unsere Träume beweisen es. Das ist aber die primitive Sprache, wie sie von jeher war – ein getreues Bild der reichen, farbenfrohen Welt. Von dieser Beschaffenheit ist auch das Unbewußte; es ist ein kompensatorisches, ein ergänzendes Spiegelbild der Welt.»*

C. G. Jung, GW 10, §23

# Inhalt

William Blake, Jakobs Traum

# Vorwort[1]

In den späten fünfziger Jahren strahlte die BBC unter dem Titel «Face to Face» eine Reihe von Fernsehinterviews mit bedeutenden Persönlichkeiten aus. Die Interviews, die «in die Tiefe» gehen sollten, wurden gewöhnlich von John Freeman, einem bekannten Journalisten, geführt. Als Jung sich zu einem Interview bereit erklärte, wußte Freeman wenig über ihn und über Psychologie. «Es war ein Job, den ich erledigen mußte», erinnerte er sich später[2], «aber wir mochten uns gegenseitig und kamen sehr gut miteinander zurecht.» Das Gespräch wurde im März 1959 in Jungs Haus in Küsnacht von der BBC gefilmt und als eine halbstündige Sendung ausgestrahlt. Es wurde zu einem zentralen Dokument über Jungs Persönlichkeit und Denken.[3] Zwischen Jung und Freeman, der Jung mehrmals in Küsnacht besuchte, entwickelte sich eine freundschaftliche Beziehung.

Freeman schrieb darüber: «Einer von denen, die Jung auf dem Bildschirm sahen, war Wolfgang Foges, der geschäftsführende Direktor von Aldus Books. Foges hatte sich seit seiner Jugend, als er in Wien in der Nähe der Familie Freud wohnte, sehr für die Entwicklung der Psychologie interessiert. Als er nun Jung über sein Leben, seine Arbeit und seine Ideen sprechen hörte, fand er es äußerst schade, daß, während die Grundzüge von Freuds Werk den gebildeten Lesern der ganzen westlichen Welt doch einigermaßen bekannt waren, Jung nie der Durchbruch zum breiteren Publikum geglückt war, sondern immer als für die Allgemeinheit zu schwer verständlich empfunden wurde.»[4]

. Foges bat Freeman um Unterstützung beim Versuch, Jung zu einem Buch zu überreden, in dem seine wichtigsten Grundgedanken für Laien verständlich und interessant formuliert waren. Freeman fuhr nach Zürich und kehrte mit Jungs Absage zurück. Doch inzwischen hatte Jung als Antwort auf das «Face to Face»-Interview zahlreiche Briefe von Menschen erhalten, die sonst keinen Bezug zu ihm hatten. Das freute ihn. Zudem hatte er einen Traum: Er stand auf einem Podium auf einem Marktplatz und sprach zu einer großen Menge, die ihm mit atemloser Aufmerksamkeit zuhörte und seine Rede verstand. Nun ließ sich Jung überreden, unter zwei Bedingungen: Das Buch sollte in gemeinsamer Arbeit mit einigen seiner engsten Schüler entstehen, und Freeman sollte mit der Koordination betraut werden und auftauchende Probleme klären. Die anderen Autoren, die Jung aussuchte und deren Arbeit er plante und überwachte, waren Joseph L. Henderson, Aniela Jaffé, Jolande Jacobi und Marie-Louise von Franz. Die letzteren drei schrieben auf deutsch, und ihre Aufsätze wurden in die englische Sprache übersetzt[5], Henderson schrieb natürlich auf englisch. Zu Jungs einführendem Kapitel mit der Überschrift «Approaching the Unconscious»[6] sagte Freeman später: «Jung erschwerte meine Arbeit um ein Vielfaches, weil er darauf beharrte, seinen Teil auf englisch zu schreiben. Nun, er sprach ein sehr gutes umgangssprachliches Englisch, aber er konnte nicht auf englisch schreiben ... Er schrieb sozusagen *deutsches* Englisch ... Das zu redigieren war ungeheuer schwierig. Ich mußte seinen Text in gutes Englisch übertragen, ohne den Sinn zu verzerren, den ich sowieso nicht verstand!»[7]

Jung vollendete seinen Aufsatz kurz vor seinem Tod im Juni 1961. Danach teilte Freeman die Herausgeberschaft des Buches mit Marie-Louise von Franz, und sie überarbeiteten den Inhalt umfassend. Das Werk wurde 1964 unter dem Titel «*Man and His Symbols*, herausgegeben von Carl G. Jung»[8], veröffentlicht.

*Im Aufsatz von C. G. Jung, der im folgenden separat publiziert wird, liegt der Schwerpunkt auf dem Traum als Zugang zum Unbewußten. Der Text ermöglicht aber auch – und das in Jungs eigenen, anschaulichen Formulierungen – einen ersten Zugang zu seiner Psychologie.*

*Anmerkungen*

1 Auszug aus dem Vorwort von William McGuire in: C. G. Jung: *The Undiscovered Self with «Symbols and the Interpretation of Dreams»*; copyright © Princeton University Press: Princeton, N.J. 1990. Übersetzung von M. Schiess.
2 John Boe: «Pleasing and Agreeable: An Interview with John Freeman, University of California at Davis, February 9, 1989» in: *The San Francisco Jung Institute Library Journal 8/4* (1989), S. 75 ff.
3 «Das ‹Face to Face›-Interview mit John Freeman für die BBC, 1959» in: *C. G. Jung im Gespräch. Interviews, Reden, Begegnungen*, Daimon: Einsiedeln 1986.
4 «Einführung von John Freeman» in: *Der Mensch und seine Symbole*. Walter: Olten 1968.
5 Die Erstausgabe von *Der Mensch und seine Symbole* erschien 1964 auf englisch bei Aldus Books, London. Der Beitrag von C. G. Jung wurde für die deutsche Ausgabe von Klaus Thiele-Dohrmann aus dem Englischen übersetzt. Anm. d. Verlags.
6 In *Der Mensch und seine Symbole* lautet der Titel des von Klaus Thiele-Dohrmann übersetzten Beitrages von C. G. Jung: «Zugang zum Unbewußten». In den Gesammelten Werken, Bd. 18/I wurde von R. F. C. Hull eine neue Übersetzung auf der Grundlage von Jungs englischem Originaltyposkript hergestellt unter dem Titel «Symbole und Traumdeutung». Zu den beiden Fassungen siehe auch GW 18/I, S. 199 und C. G. Jung: *The Undiscovered Self with «Symbols and the Interpretation of Dreams»*, a. a. O., S. Xii. Anm. d. Verlags.
7 John Boe, a. a. O., S. 81.
8 Siehe Anmerkung 5.

# Über den Einfluß der Träume

Der Mensch verwendet, um etwas mitzuteilen, das gesprochene oder geschriebene Wort. Seine Sprache steckt voller Symbole, aber oft gebraucht er auch Zeichen oder Bilder, die keine genaue Beschreibung geben, zum Beispiel Abkürzungen und Buchstabenfolgen wie etwa UN, UNICEF oder UNESCO, oder auch bekannte Schutzmarken, Namen von medizinischen Erzeugnissen, Dienstabzeichen und Insignien. Diese wären an sich bedeutungslos, haben aber durch allgemeinen Gebrauch eine erkennbare Bedeutung erlangt. Es sind jedoch keine Symbole, sondern Zeichen für bestimmte Dinge.

Das, was wir Symbol nennen, ist ein Ausdruck, ein Name oder auch ein Bild, das uns im täglichen Leben vertraut sein kann, das aber zusätzlich zu seinem konventionellen Sinn noch besondere Nebenbedeutungen hat. Es enthält etwas Unbestimmtes, Unbekanntes oder für uns Unsichtbares. Zum Beispiel ist auf vielen kretischen Grabmälern eine doppelte Krummaxt abgebildet. Diesen Gegenstand kennen wir zwar, aber wir wissen nichts über seinen symbolischen Gehalt. Ein anderes Beispiel: Nach einem kurzen Englandaufenthalt erzählte ein Inder seinen Freunden zu Hause, die Engländer beteten Tiere an; er hatte nämlich in alten Kirchen Adler, Löwen und Ochsen abgebildet gesehen. Ebenso wie viele Christen wußte auch der Inder nicht, daß diese Tiere die Attribute der Evangelisten sind, wie Ezechiel sie in einer Vision sah; eine Analogie dazu bildet der ägyptische Sonnengott Horus mit seinen vier Söhnen. Auch Gegenstände wie das Rad oder das Kreuz haben unter Umständen symbolischen Gehalt.

Was sie genau symbolisieren, ist allerdings immer noch ein strittiger Punkt.

Ein Wort oder ein Bild ist symbolisch, wenn es mehr enthält, als man auf den ersten Blick erkennen kann. Es hat dann einen weiteren «unbewußten» Aspekt, den man wohl nie ganz genau definieren kann. So gelangt der menschliche Geist bei der Erforschung von Symbolen zu Vorstellungen, die sich dem Zugriff des Verstandes entziehen. Das Rad führt uns vielleicht zu dem Begriff einer «göttlichen» Sonne, aber hier muß der Verstand seine Unzulänglichkeit eingestehen; der Mensch ist außerstande, ein «göttliches» Wesen zu definieren. Wenn wir in unserer intellektuellen Beschränktheit etwas «göttlich» nennen, so haben wir ihm damit nur einen Namen gegeben, der vielleicht auf Glauben basiert, aber nie auf faktischem Augenschein.

Auch die Religionen verwenden für das, was über den menschlichen Verstand hinausgeht, eine symbolische Sprache. Aber diese bewußte Anwendung von Symbolen ist nur ein Aspekt einer psychologischen Tatsache von großer Wichtigkeit: Der Mensch produziert Symbole auch unbewußt und spontan, in Form von Träumen.

Dies müssen wir im Auge behalten, wenn wir mehr über die Tätigkeit des menschlichen Geistes erfahren wollen. Es gibt nichts, was der Mensch völlig durchschaut. Er ist ganz von der Anzahl und der Qualität seiner Sinne abhängig, die ihm nur eine begrenzte Wahrnehmung seiner Umwelt gestatten. Diesen Mangel kann der Mensch durch wissenschaftliche Instrumente teilweise ausgleichen; aber selbst der feinste Apparat kann nicht mehr tun, als entfernte oder kleine Gegenstände in Sichtweite zu bringen oder schwache Laute hörbar zu machen. Einerlei, welche Instrumente wir benützen, irgendwo wird der Punkt erreicht, an dem jede Gewißheit aufhört.

Zudem hat unsere Wahrnehmung der Wirklichkeit auch unbewußte Aspekte, zum Beispiel die Tatsache, daß, wenn unsere Sinne auf reale Erscheinungen reagieren, diese doch auf irgendeine Weise aus dem Bereich der Realität in den des Geistes übertragen werden. Innerhalb des Geistes werden sie dann zu psychischen Geschehnissen, deren Natur letztlich unerkennbar ist (denn die Psyche kann ihre eigene psychische Substanz nicht erkennen). Jede Erfahrung enthält also eine große Anzahl unbekannter Faktoren, ganz abgesehen davon, daß jeder konkrete Gegenstand immer insofern unbekannt bleibt, als wir die eigentliche Natur der Materie nicht erkennen können.

Außerdem gibt es gewisse Ereignisse, die wir nicht bewußt wahrgenommen haben; sie sind sozusagen unter der Bewußtseinsschwelle geblieben, und wir werden ihrer oft erst später, in einer plötzlichen Intuition oder durch intensives Nachdenken, gewahr.

Gewöhnlich wird uns der unbewußte Aspekt jedes vital bedeutungsvollen Geschehens in Träumen enthüllt, und zwar nicht als rationaler Gedanke, sondern in einem symbolischen Bild. Auch historisch gesehen war es das Studium der Träume, welches die Psychologen erstmalig in die Lage versetzte, den unbewußten Aspekt bewußter psychischer Vorgänge untersuchen zu können.

Auf Grund ihrer Erfahrungen nehmen Psychologen die Existenz einer unbewußten Psyche an – obgleich viele Naturwissenschaftler und Philosophen deren Existenz abstreiten. Letztere folgern naiv, eine solche Annahme schließe die Existenz zweier «Subjekte» in sich oder, allgemeiner ausgedrückt, zweier Persönlichkeiten innerhalb desselben Individuums. Und genau das bedeutet es auch – sehr richtig. Viele moderne Menschen leiden unter einer solchen gespaltenen Persönlichkeit. Dies ist durchaus kein pathologisches Symptom, sondern eine Tatsache, die man überall beobachten kann, nicht nur bei einem Neurotiker. Eine allgemeine Unbewußtheit ist unleugbar das gemeinsame Erbe der ganzen Menschheit.

Das Bewußtsein des Menschen hat sich nur langsam und mühselig entwickelt, in einem Prozeß, der ungezählter Zeitalter bedurfte, um den Zustand der Zivilisation zu erreichen (den man willkürlich mit der Erfindung der Schrift, um 4000 v. Chr., beginnen läßt). Und diese Evolution ist noch längst nicht abgeschlossen. Weite Bereiche des menschlichen Geistes sind noch in Dunkel gehüllt, denn was wir die «Psyche» nennen, ist keineswegs identisch mit unserem Bewußtsein und dessen Inhalt.

Unsere Psyche ist ein Teil der Natur und ebenso unbegrenzt wie diese. Wir können also weder die Psyche noch die Natur definieren, sondern nur so gut es geht beschreiben, auf welche Weise wir sie erleben. Abgesehen von den neueren Erkenntnissen der medizinischen Forschung gibt es auch logische Gründe dafür, Behauptungen wie «Es gibt kein Unbewußtes» zurückzuweisen; Leute, die das sagen, geben damit nur einem jahrhundertealten «Misoneismus» Ausdruck – einer Furcht vor dem Neuen, Unbekannten.

Für diesen Widerstand gegen die Idee von einem unbekannten Teil der menschlichen Psyche gibt es historische Gründe. Das Bewußtsein ist eine Neuerwerbung der Natur und befindet sich noch im «experimentellen» Stadium; es ist schwach und leicht verletzbar. Wie Anthropologen festgestellt haben, ist eine der häufigsten Arten von Geistesgestörtheit bei Primitiven der Zustand, den sie «Seelenverlust» nennen – eine merkliche Spaltung (mit einem Fachausdruck: Dissoziation) des Bewußtseins.

Unter solchen Menschen, deren Bewußtsein sich auf einer von der unseren verschiedenen Entwicklungsstufe befindet, wird die «Seele» (oder Psyche) nicht als eine Einheit empfunden. Viele Primitive glauben, der Mensch habe außer seiner eigenen noch eine «Buschseele», die in einem wilden Tier oder einem Baum verkörpert sei, mit welchem der Mensch eine Art psychischer Identität habe. Dies hat der ausgezeichnete französische Ethnologe Lucien Lévy-Bruhl als «participation mystique» bezeichnet.

Später zog er diese Formulierung unter dem Druck der gegnerischen Kritik wieder zurück, aber ich glaube, daß seine Kritiker im Unrecht waren. Es ist eine wohlbekannte psychologische Tatsache, daß ein Mensch mit einer anderen Person oder einem Gegenstand unbewußt identisch sein kann.

Diese Identität kann bei Primitiven ganz verschiedene Formen annehmen. Ist die Buschseele die eines Tieres, so betrachtet man dieses Tier als eine Art Bruder des betreffenden Menschen. Ein Mensch, dessen Bruder beispielsweise ein Krokodil ist, soll ungehindert einen Fluß voller Krokodile durchschwimmen können. Ist die Buschseele ein Baum, so glaubt man, dieser habe eine Art elterlicher Gewalt über den Menschen. In beiden Fällen wird eine Schädigung der Buschseele als eine Schädigung des Menschen angesehen.

Bei einigen Stämmen nimmt man an, ein Mensch habe mehrere Seelen; dieser Glaube drückt das Gefühl aus, jeder einzelne bestehe aus mehreren zusammenhängenden, aber voneinander verschiedenen Einheiten. Dies bedeutet, daß die Psyche alles andere als fest zusammengefügt ist; sie droht vielmehr unter dem Ansturm unkontrollierter Emotionen nur allzu leicht zu zerbrechen.

Diese Situation, die wir aus den Studien der Anthropologen kennen, ist durchaus nicht ohne Beziehung zu unserer eigenen fortgeschrittenen Zivilisation. Auch wir können dissoziiert werden, unsere Identität verlieren, von Launen besessen sein oder völlig unvernünftig handeln, so daß man uns fragt: «Was zum Teufel ist in dich gefahren?» Wir sagen zwar, wir hätten «uns in der Gewalt», aber Selbstkontrolle ist eine seltene und bemerkenswerte Fähigkeit. Wir bilden uns vielleicht ein, wir hätten uns in der Hand; aber ein Freund könnte uns leicht Dinge über uns erzählen, von denen wir keine Ahnung haben.

Selbst auf einer sogenannten hohen Zivilisationsstufe ist das menschliche Bewußtsein immer noch leicht verletzbar. Die Fähigkeit, einen Teil unserer Aufmerksamkeit zu isolieren, ist gewiß wertvoll, da sie uns befähigt, diese völlig auf einen einzigen Gegenstand zu richten und dabei alles andere auszuschließen. Es besteht aber ein gewaltiger Unterschied zwischen der bewußten Entscheidung, einen Teil der Psyche zeitweise abzuspalten und zu unterdrücken, und einer Situation, in der dies spontan, ohne eigenes Wissen oder sogar gegen den eigenen Willen, passiert. Das erstere ist eine Errungenschaft der Zivilisation, das letztere ein primitiver «Seelenverlust» oder sogar die Ursache einer Neurose.

Vor diesem Hintergrund müssen wir die Bedeutsamkeit der Träume sehen – jener flüchtigen, ungewissen Gebilde. Um meinen Standpunkt klarzumachen, möchte ich beschreiben, wie er sich allmählich entwickelt hat und wie ich endlich zu dem Schluß kam, daß Träume eine ständig und allgemein zugängliche Quelle für die Untersuchung der symbolbildenden Fähigkeit des Menschen sind.

Sigmund Freud war der erste, der auf empirische Weise den unbewußten Hintergrund unseres Bewußtseins erforschte. Er ging von der Annahme aus, daß Träume nicht zufällig erscheinen, sondern mit bewußten Gedanken und Problemen in Zusammenhang stehen. Diese Vermutung war keineswegs willkürlich. Sie basierte auf der Schlußfolgerung hervorragender Neurologen (zum Beispiel Pierre Janets), daß neurotische Symptome mit irgendeiner bewußten Erfahrung zusammenhängen. Sie scheinen sogar abgespaltene Teile des Bewußtseinsbereichs zu sein, die zu anderen Zeiten und unter anderen Bedingungen bewußt sein können.

Vor Anfang dieses Jahrhunderts hatten Freud und Josef Breuer erkannt, daß neurotische Symptome – Hysterie, gewisse Arten von Schmerzen, abnormales Verhalten – in Wirklichkeit symbolisch bedeutsam sind. Sie sind, wie die Träume, eine Ausdrucksform des Unbewußten und gleichermaßen symbolisch. Ein Patient, der zum Beispiel in einer unerträglichen Lage ist, kann einen Krampf bekommen, der ihn am Trinken hindert: Er «kann es nicht schlucken». Ein anderer, der sich unter ähnlichem psychischem Druck befindet, leidet an einer sonderbaren Beinlähmung, das heißt: «Es geht so nicht weiter.» Wieder ein anderer, der sich beim Essen erbricht, kann eine unangenehme Sache «nicht verdauen». Ich könnte noch viele Beispiele dieser Art aufzählen; doch sind solche physischen Reaktionen nur eine Form, wie sich belastende Probleme unbewußter Art ausdrücken können. Viel öfter zeigen sie sich in unseren Träumen.

Jeder Psychologe, der eine gewisse Anzahl Träume sich hat erzählen lassen, weiß, daß Traumsymbole viel mannigfaltiger sind als die körperlichen Symptome einer Neurose. Oft bestehen sie aus höchst verfeinerten, malerischen Phantasien. Wenn jedoch der Analytiker, der sich diesem Traummaterial gegenübersieht, Sigmund Freuds Technik der «freien Assoziation» anwendet, merkt er, daß Träume auf gewisse grundlegende Themen zurückgeführt werden können. Diese Technik spielte in der Entwicklung der Psychoanalyse eine wesentliche Rolle, denn sie ermöglichte es Freud, Träume als Ausgangspunkte zu benutzen, von denen aus das unbewußte Problem des Patienten erforscht werden konnte.

Freud machte die einfache, aber durchschlagende Beobachtung, daß ein Träumer, den man ermutigt, über seine Träume und die damit zusammenhängenden Gedanken zu sprechen, den unbewußten Hintergrund seines Leidens verrät, und zwar durch das, was er sagt, und durch das, was er absichtlich verschweigt. Seine Ideen mögen zunächst unvernünftig und bedeutungslos scheinen, aber nach einiger Zeit kann man ziemlich leicht erkennen, was der Patient verheimlichen will, welche unangenehmen Gedanken oder Erlebnisse er unterdrückt.

Freud maß den Träumen besonderes Gewicht als Ausgangspunkt für die «freie Assoziation» zu. Aber es kam mir nach einiger Zeit so vor, als ob dies ein irreführender und unangemessener Gebrauch der reichen Phantasien war, die das Unbewußte im Schlaf produziert. Wirkliche Zweifel tauchten auf, als ein Kollege mir von einem Erlebnis erzählte, das er auf einer langen Eisenbahnfahrt durch Rußland gehabt hatte. Obgleich er kein Russisch verstand und nicht einmal die kyrillische Schrift entziffern konnte, grübelte er über den fremden Buchstaben, die auf den Anschlagtafeln der Eisenbahn standen. Dabei verfiel er ins Träumen und gab in seiner Vorstellung diesen Zeichen die verschiedensten Bedeutungen.

Eine Idee folgte der anderen, und in seiner entspannten Stimmung merkte er, daß diese «freie Assoziation» viele alte Erinnerungen wachgerufen hatte. Darunter befand sich ärgerlicherweise auch ein längst begrabenes unangenehmes Thema – Dinge, die er hatte vergessen wollen und *bewußt* auch vergessen hatte. Tatsächlich war er bei dem angelangt, was die Psychologen seine «Komplexe» nennen würden, das heißt, er unterdrückte emotionale Themen, die ständige psychische Störungen oder in vielen Fällen sogar neurotische Symptome hervorrufen können.

Diese Episode öffnete mir die Augen dafür, daß es gar nicht notwendig war, einen Traum als Ausgangspunkt für «freie Assoziation» zu nehmen, wenn man die Komplexe eines Patienten entdecken wollte. Ich erkannte, daß man das Zentrum von allen Punkten des Kreises aus erreichen kann. Man könnte mit kyrillischen Buchstaben anfangen, mit Meditationen über ein Kristall, eine Gebetsmühle, ein modernes Gemälde oder auch mit einer beiläufigen Unterhaltung über ein ganz banales Ereignis. Der Traum war in dieser Beziehung nicht mehr und nicht weniger nützlich als irgendein anderer Ausgangspunkt.

Nichtsdestoweniger haben Träume eine besondere Bedeutung, auch wenn sie oft aus einer emotionellen Verwirrung kommen, in welche die gewöhnlichen Komplexe auch verstrickt sind. (Die gewöhnlichen Komplexe sind die weichen Stellen der Psyche, die sehr schnell auf äußere Reize oder Störungen reagieren.) Die freie Assoziation kann daher von jedem Traum aus zu den kritischen geheimen Gedanken führen.

Hierbei kam mir jedoch in den Sinn, daß deshalb vielleicht Träume eine eigene, besondere und noch bedeutsamere Funktion hätten. Denn oft besitzen Träume eine ganz bestimmte, offenbar zweckmäßige Struktur, die eine gewisse Absicht ahnen läßt – obwohl diese normalerweise nicht ohne weiteres zu erkennen ist. Ich überlegte deshalb, ob man nicht der tatsächlichen Form und dem Inhalt des Traumes mehr Aufmerksamkeit schenken sollte, statt sich von der «freien» Assoziation durch eine Reihe von Ideen zu Komplexen führen zu lassen, die man ebenso leicht mit anderen Mitteln erreichen konnte.

Dieser neue Gedanke war ein Wendepunkt in der Entwicklung meiner Psychologie. Ich gab es allmählich auf, Assoziationen zu folgen, die weit vom Traumtext wegführten. Ich wollte eher auf die Assoziationen zum Traum selbst achten, da ich glaubte, daß dieser etwas Bestimmtes ausdrückte, was das Unbewußte zu sagen versuchte. Der Wechsel meiner Einstellung zum Traum brachte eine Veränderung der Methode mit sich; die neue Technik stellte alle verschiedenen weiteren Aspekte des Traumes in Rechnung. Eine mit bewußtem Verstand erzählte Geschichte hat einen Anfang, eine Entwicklung und ein Ende; für den Traum gilt das nicht. Seine zeitlichen und räumlichen Dimensionen sind andere; um ihn zu verstehen, muß man ihn von verschiedenen Seiten aus untersuchen – ähnlich wie wenn man einen unbekannten Gegenstand in der Hand hält und ihn solange herumdreht, bis man mit seiner Form ganz vertraut ist.

Das sind die Überlegungen, durch die ich allmählich von der «freien» Assoziation, wie Freud sie zuerst anwandte, Abstand nahm: Ich wollte so nahe wie möglich am Traum selbst bleiben und alle irrelevanten Vorstellungen und Assoziationen, die er womöglich hervorrufen könnte, ausschalten. Diese könnten zwar sicherlich zu den Komplexen eines Patienten führen; aber ich hatte einen weiter reichenden Zweck im Sinn als die Entdekkung von Komplexen, die neurotische Störungen verursachen. Es gibt viele andere Möglichkeiten, diese zu erkennen: Der Psychologe kann zum Beispiel alle Hinweise, die er benötigt, durch Anwendung von Wort-Assoziations-Tests bekommen (er fragt den Patienten, was dieser zu einer gegebenen Wortgruppe assoziiert, und untersucht dann die Antworten). Aber um den psychischen Lebenslauf eines Menschen zu erkennen und zu verstehen, muß man sich klarmachen, daß dessen Träume und ihre symbolischen Bilder eine weit wichtigere Rolle spielen.

Fast jeder weiß zum Beispiel, daß es eine enorme Vielfalt von Bildern gibt, durch die der Geschlechtsakt symbolisch (oder in Form einer Allegorie) dargestellt werden kann. Jedes dieser Bilder kann mit Hilfe eines Assoziationsvorganges zur Vorstellung des Geschlechtsverkehrs und zu spezifischen Komplexen führen, die der einzelne über seine sexuellen Gewohnheiten haben mag. Aber ebensogut könnte man solche Komplexe freilegen durch einen Tagtraum über eine Reihe unentzifferbarer russischer Buchstaben. Ich nahm also an, ein Traum könne eine andere Mitteilung enthalten als eine sexuelle Allegorie, und zwar aus bestimmten Gründen, die ich näher erläutern möchte:

Ein Mann träumt, er stecke einen Schlüssel in ein Schlüsselloch, schwinge einen schweren Stock oder ramme eine Tür mit einem Sturmbock ein. Jedes dieser Bilder kann als sexuelle Allegorie angesehen werden. Aber die Tatsache, daß sein Unbewußtes aus gewissen Gründen eines dieser spezifischen Bilder ausgewählt hat – es kann der Schlüssel, der Stock oder die Ramme sein –, ist von besonderer Bedeutung. Die eigentliche Aufgabe besteht darin, herauszufinden, *warum* der Schlüssel dem Stock oder der Stock dem Rammbock vorgezogen worden ist. Und manchmal kann das zu der Entdeckung führen, daß gar nicht der Geschlechtsakt, sondern ein ganz anderes psychologisches Thema gemeint ist.

Hieraus ergab sich für mich, daß nur das Material, das ganz eindeutig Teil eines Traumes ist, für die Interpretation verwendet werden sollte. Der Traum zieht seine eigene Grenze. Seine besondere Form selbst entscheidet darüber, was zu ihm gehört und was von ihm wegführt. Während uns die «freie» Assoziation in einer Art Zickzacklinie vom Traummaterial weglockt, ist die Methode, die ich vorgeschlagen habe, eher eine Umkreisung, deren Zentrum das Traumbild bleibt. Ich arbeite um das Traumbild herum und beachte die Ausweichversuche des Träumers nicht. Immer wieder habe ich in meiner beruflichen Praxis wiederholen müssen: «Wir wollen auf Ihren Traum zurückkommen. Was sagt der *Traum*?»

Einer meiner Patienten träumte einmal von einer betrunkenen, vulgären Frau mit aufgelösten Haaren. Im Traum schien es seine eigene Frau zu sein, obgleich seine wirkliche Frau völlig anders war. Oberflächlich betrachtet war der Traum daher schockierend unwahr, und der Patient wies ihn sofort als unsinnig zurück. Wenn ich ihn hätte assoziieren lassen, so hätte er bestimmt versucht, sich so weit wie möglich von der unangenehmen Aussage seines Traumes zu entfernen. In dem Falle wäre er dann schließlich bei einem seiner Hauptkomplexe angelangt – möglicherweise einem Komplex, der mit seiner Frau gar nichts zu tun hatte –, und wir würden nichts über die spezielle Bedeutung dieses besonderen Traumes erfahren haben.

Was aber wollte sein Unbewußtes mit einer so offensichtlich unwahren Feststellung sagen? Es handelte sich ja augenscheinlich um die Idee eines degenerierten Weiblichen, das mit dem Leben des Träumers eng verbunden war; aber da die Projektion dieses Bildes auf seine Ehefrau ungerechtfertigt und faktisch unrichtig war, mußte ich anderswo suchen, bis ich herausfand, was dieses abstoßende Bild darstellte.

Im Mittelalter, lange bevor die Physiologen bewiesen, daß sich auf Grund unserer Drüsenstruktur in jedem von uns männliche und weibliche Elemente befinden, sagte man: «Jeder Mann hat eine Frau in sich.» Dieses weibliche Element in jedem Mann habe ich als die «Anima» bezeichnet. Dieser «feminine» Aspekt besteht im wesentlichen in einer etwas minderwertigen Beziehung zur Umgebung, insbesondere zu Frauen, was man aber sorgfältig vor sich selbst und vor anderen verheimlicht. Mit anderen Worten: Wenn auch die sichtbare Persönlichkeit eines Menschen vielleicht ganz normal erscheint, so kann dieser doch sehr wohl vor anderen – und sogar vor sich selber – den beklagenswerten Zustand der «inneren Frau» verbergen.

Das war bei diesem Patienten der Fall: Seine weibliche Seite war durchaus nicht schön. Der Traum sagte ihm: «In gewisser Hinsicht benimmst du dich wie eine verkommene Frau» und gab ihm dadurch einen ordentlichen Schock. (Ein Beispiel dieser Art darf natürlich nicht als ein Zeichen dafür gewertet werden, daß sich das Unbewußte mit «moralischen» Mahnungen befaßt. Der Traum sagte dem Patienten ja nicht, er solle sich «besser benehmen», sondern er versuchte nur, die schiefe Einstellung des Bewußtseins auszugleichen, das an der Fiktion festhielt, der Träumer sei ein perfekter Gentleman.)

Man kann leicht verstehen, warum Menschen dazu neigen, die Botschaft ihrer Träume zu ignorieren oder sogar abzulehnen. Das Bewußtsein widerstrebt von Natur aus allem Unbewußten und Unbekannten. Wie ich schon erwähnt habe, besteht bei primitiven Völkern etwas, das die Anthropologen als «Misoneismus» bezeichnen, eine tiefe, abergläubische Furcht vor allem Neuen. Die Primitiven zeigen gegenüber unerwarteten Ereignissen die gleichen Reaktionen wie die wilden Tiere. Doch der «zivilisierte» Mensch reagiert auf neue Ideen in ganz ähnlicher Weise, indem er psychische Barrieren errichtet, um sich vor dem Schock des Neuen zu schützen. Dies kann man leicht an der Reaktion eines Menschen auf seine Träume beobachten, wenn er sich gezwungen sieht, einen überraschenden Gedanken zuzugeben. Viele Pioniere der Philosophie, der Naturwissenschaft und sogar der Literatur sind Opfer des eingefleischten Konservatismus ihrer Zeitgenossen geworden. Die Psychologie ist eine der jüngsten Wissenschaften; da sie versucht, sich mit der Tätigkeit des Unbewußten zu befassen, trifft sie unweigerlich auf Misoneismus in extremer Form.

# Vergangenheit und Zukunft im Unbewußten

Bisher habe ich einige Prinzipien skizziert, die ich bei der Behandlung von Träumen angewendet habe; denn wenn wir die menschliche Fähigkeit zur Symbolbildung untersuchen wollen, erweisen sich Träume als das grundlegende und am leichtesten zugängliche Material für diesen Zweck. Für den Umgang mit Träumen sind zwei Punkte besonders wichtig: erstens sollte der Traum als Tatsache betrachtet werden, über die man im voraus keine Vermutungen anstellen darf außer, daß hinter dieser Tatsache ein gewisser Sinn steht; und zweitens: ein Traum ist ein spezifischer Ausdruck des Unbewußten.

Einerlei, wie gering man das Unbewußte einschätzen mag, man wird doch einräumen müssen, daß es der Untersuchung wert ist. Das Unbewußte steht zumindest auf gleicher Ebene mit einer Laus, die sich immerhin des aufrichtigen Interesses der Insektenforscher erfreut. Wenn jemand mit geringer Kenntnis die Träume für bedeutungslose, chaotische Geschehnisse hält, so mag er das tun. Nimmt man aber an, sie seien normale Vorkommnisse (was sie ja tatsächlich sind), so muß man sie entweder als kausal ansehen – das heißt, es muß eine rationale Ursache für ihr Vorhandensein geben – oder ihnen einen gewissen Zweck zuschreiben, oder auch beides.

Wir wollen jetzt etwas näher betrachten, auf welche Weise die bewußten und unbewußten Inhalte miteinander verbunden sind. Nehmen wir ein bekanntes Beispiel: Man kann sich plötzlich nicht mehr erinnern, was man sagen wollte, obwohl der Gedanke kurz vorher noch völlig klar war. Oder der Name eines Freundes entfällt einem in dem Moment, wo man ihn aussprechen will. Wir sagen, wir könnten uns nicht erinnern; aber in Wirklichkeit ist der Gedanke unbewußt geworden oder hat sich wenigstens zeitweise vom Bewußtsein getrennt. Eine ähnliche Erscheinung gibt es bei unseren Sinnen: Wenn wir einen Dauerton an der Grenze der Hörbarkeit wahrnehmen, scheint der Ton in regelmäßigen Abständen aufzuhören und wiederzukehren. Solche Schwankungen sind aber nicht einer Veränderung des Tones, sondern dem periodischen Nachlassen und Zunehmen der Aufmerksamkeit zuzuschreiben.

Wenn etwas aus unserem Bewußtsein verschwindet, hört es damit nicht auf zu existieren, genausowenig wie ein Auto, das um eine Ecke gefahren ist, sich in Luft aufgelöst hat. Es ist nur nicht mehr sichtbar. Ebenso wie wir dem Auto vielleicht wieder begegnen, kommen auch Gedanken wieder, die uns zeitweise verlorengegangen sind. Ein Teil des Unbewußten besteht also aus einer Menge zeitweise entschwundener Gedanken, Eindrücke, Bilder, die unser Bewußtsein ständig beeinflussen. Jemand, der zerstreut oder «geistesabwesend» ist, geht durch ein Zimmer, um etwas zu holen. Er bleibt plötzlich stehen, scheinbar bestürzt; er hat vergessen, was er holen wollte. Seine Hände greifen wie schlafwandlerisch zwischen den Gegenständen auf dem Tisch umher; er hat seine ursprüngliche Absicht vergessen, aber unbewußt wird er von ihr geführt. Dann fällt ihm auf einmal wieder ein, was er vorhatte. Sein Unbewußtes hat es ihm eingegeben.

Ein neurotischer Mensch scheint viele Dinge durchaus bewußt und planvoll zu tun. Fragt man ihn aber danach, was er gerade macht, so stellt sich heraus, daß er es entweder nicht weiß oder aber etwas ganz anderes im Sinn hatte. Dafür gibt es viele Beispiele, und der Fachmann merkt bald, daß unbewußte geistige Inhalte sich scheinbar so verhalten, als wären sie bewußt; man kann daher in solchen Fällen nie sicher sein, ob Gedanken, Worte oder Handlungen wirklich bewußt sind oder nicht.

Ein derartiges Verhalten veranlaßt viele Ärzte dazu, Berichte hysterischer Patienten als glatte Lügen abzuweisen. Solche Menschen sagen sicher mehr Unwahrheiten als die meisten von uns, aber «Lüge» ist kaum das richtige Wort dafür. Ihr Geisteszustand verursacht tatsächlich eine gewisse Unsicherheit des Verhaltens, weil ihr Bewußtsein häufig durch eine unvorhergesehene Einmischung des Unbewußten verdunkelt wird. Selbst ihre Hautempfindungen können ähnliche Wahrnehmungsschwankungen aufweisen. In gewissen Momenten spürt die hysterische Person, wenn man sie mit einer Nadel in den Arm sticht; in anderen Augenblicken merkt sie nichts davon. Wenn man die Aufmerksamkeit des Patienten auf einen bestimmten Punkt lenkt, dann ist unter Umständen der ganze Körper vollkommen betäubt, bis die Spannung vorüber ist, die diese Verdunkelung der Sinne verursacht hat. Die sinnliche Wahrnehmung ist dann sofort wiederhergestellt. Die ganze Zeit war die Person jedoch unbewußt über alles im Bilde, was geschah.

Der Arzt kann diesen Vorgang klar erkennen, wenn er einen solchen Patienten hypnotisiert. Es läßt sich dann leicht nachweisen, daß der Patient jede Einzelheit bemerkt hat. Der Stich in den Arm oder die Bemerkung, die während einer Verdunkelung des Bewußtseins gefallen ist, kann so genau wiedergegeben werden, als ob der Zustand der Anästhesie oder «Vergeßlichkeit» gar nicht bestanden hätte. Ich erinnere mich an eine Frau, die ohnmächtig in die Klinik eingeliefert wurde. Als sie am nächsten Tag wieder zu Bewußtsein kam, wußte sie zwar, wer sie war, aber nicht, wo sie war und wie, wann und warum man sie dorthin gebracht hatte. Als ich sie aber hypnotisierte, erzählte sie mir, woran sie erkrankt war und wer sie in die Klinik eingeliefert hatte. Alle diese Einzelheiten wurden bestätigt. In der Hypnose war ihre Erinnerung so klar, als ob sie die ganze Zeit über bei Bewußtsein gewesen wäre.

Bei der Erörterung solcher Themen müssen wir gewöhnlich

Beispiele benutzen, die aus dem Bereich der klinischen Erfahrung stammen. Deshalb meinen viele Kritiker, das Unbewußte und seine subtilen Manifestationen gehörten einzig und allein in den Wirkungskreis der Psychopathologie. Sie betrachten jede Äußerung des Unbewußten als etwas Neurotisches oder Psychotisches, das mit einem normalen Geisteszustand nichts zu tun hat. Aber neurotische Phänomene sind keineswegs nur Krankheitserscheinungen. Sie sind in Wirklichkeit nicht mehr als pathologische Übertreibungen von normalen Vorkommnissen; nur weil es Übertreibungen sind, fallen sie mehr ins Auge. Hysterische Symptome kann man bei allen normalen Menschen beobachten; da sie aber unbedeutend sind, bemerkt man sie meistens nicht.

Das Vergessen zum Beispiel ist ein normaler Vorgang, wobei gewisse bewußte Vorstellungen ihre spezifische Energie verlieren, weil unsere Aufmerksamkeit abgelenkt worden ist. Wenn sich das Interesse anderswohin wendet, bleiben die Dinge, mit denen man sich vorher beschäftigt hat, im Schatten. Das ist unvermeidlich, denn das Bewußtsein kann nur wenige Bilder zur gleichen Zeit einigermaßen klar sehen.

Die vergessenen Vorstellungen haben jedoch nicht aufgehört zu existieren. Wenn sie auch nicht nach Belieben reproduziert werden können, sind sie doch unterhalb der Bewußtseinsschwelle vorhanden, von wo aus sie jederzeit spontan, oft nach Jahren scheinbar völliger Vergessenheit, wieder heraufkommen können.

Ich spreche hier von solchen Dingen, die wir bewußt gesehen oder gehört, aber wieder vergessen haben. Wir alle sehen, hören, riechen und schmecken vieles, was wir gar nicht bemerken, entweder weil unsere Aufmerksamkeit gerade abgelenkt ist oder weil der sinnliche Reiz zu schwach ist, um einen bewußten Eindruck zu hinterlassen. Das Unbewußte aber hat es doch bemerkt, und solche unterschwelligen Sinneswahrnehmungen spielen in unserem Alltagsleben eine wichtige Rolle. Sie beeinflussen uns mehr, als wir wissen.

Ein Beispiel hierfür lieferte ein Professor, der mit einem seiner Studenten, in ernste Unterhaltung vertieft, einen Spaziergang machte. Plötzlich wurden seine Gedanken durch einen unerwarteten Strom von Kindheitserinnerungen unterbrochen. Er konnte sich diese Ablenkung nicht erklären. Nichts von dem, was er gerade gesagt hatte, schien zu diesen Erinnerungen in irgendeiner Beziehung zu stehen. Als er sich umblickte, sah er, daß er an einem Bauernhof vorbeigegangen war, als ihm diese Erinnerungen gekommen waren. Er schlug dem Studenten vor, gemeinsam bis zu der Stelle zurückzugehen, wo die Phantasien begonnen hatten. Als sie dort waren, stieg ihm der Geruch von Gänsen in die Nase, und sofort war ihm klar, daß dieser Geruch seine Erinnerungen aufgestöbert hatte.

In seiner Jugend hatte er auf einem Bauernhof gelebt, wo auch Gänse waren, und ihr typischer Geruch hatte einen dauernden, wenn auch vergessenen Eindruck bei ihm hinterlassen. Als er auf seinem Spaziergang an dem Bauernhof vorbeikam, hatte er unbewußt den Geruch bemerkt, und diese Wahrnehmung hatte längst vergangene Kindheitserlebnisse wachgerufen.

Ein solcher «Stichwort»- oder «Auslöser»-Effekt erklärt gleichermaßen den Angriff neurotischer Symptome wie auch ungefährlicher Erinnerungen. Zum Beispiel kann ein junges Mädchen emsig im Büro tätig sein, offenbar gesund und guter Dinge. Im nächsten Moment bekommt sie rasende Kopfschmerzen und macht einen sehr niedergeschlagenen Eindruck. Ohne es bewußt wahrzunehmen, hat sie das Nebelhorn eines fernen Schiffes gehört, das sie an den Abschied von ihrem Freund erinnerte, den sie vergessen wollte. Außer dem normalen Vergessen hat Freud etliche Fälle von «Vergessen» unangenehmer Erinnerungen beschrieben, Erinnerungen, die man nur zu gern loswerden möchte. Wie Nietzsche sagt, gibt das Gedächtnis nach, wenn der Stolz hartnäckig genug ist. Bei solchen Fällen spricht der Psychologe von *verdrängten* Inhalten.

Ein Beispiel kann das illustrieren: Eine Sekretärin, die eifersüchtig auf eine andere Mitarbeiterin ihres Arbeitgebers ist, vergißt immer wieder, diese zu Versammlungen einzuladen, obgleich sie den Namen auf ihrer Liste deutlich vermerkt hat. Wenn sie wegen ihres Versäumnisses zur Rechenschaft gezogen wird, behauptet sie einfach, sie hätte es ganz «vergessen» oder sei «unterbrochen» worden. Nie gibt sie zu, auch vor sich selber nicht, welches der wahre Grund für ihr Versehen ist.

Viele Menschen überschätzen die Rolle der Willenskraft und meinen, sie seien völlig Herr ihrer Entscheidungen. Man muß aber sorgfältig zwischen beabsichtigten und unbeabsichtigten Handlungen unterscheiden. Die ersteren stammen von der Ego-Persönlichkeit; die letzteren jedoch kommen aus einer Quelle, die nicht mit dem Ego identisch ist, sondern dessen «andere Seite» darstellt. Diese «andere Seite» ist es, welche die Sekretärin die Einladungen vergessen ließ.

Es gibt viele Gründe dafür, warum wir Dinge vergessen, die wir bemerkt oder erfahren haben; und es gibt ebenso viele Möglichkeiten, sie wieder ins Bewußtsein zu rufen. Ein interessantes Beispiel hierfür ist die Kryptomnesie oder «Erinnerung aus dem Verborgenen». Beispielsweise schreibt ein Autor nach einem vorbedachten Plan und entwickelt die Handlung einer Geschichte, aber ganz plötzlich springt er vom Thema ab. Vielleicht ist ihm eine neue Idee gekommen, ein anderes Bild oder eine völlig neue Nebenhandlung. Wenn man ihn fragt, wodurch diese Abweichung verursacht worden ist, kann er es nicht sagen. Möglicherweise hat er die Veränderung nicht einmal wahrgenommen, obwohl er jetzt einen Stoff produziert hat, der ihm vorher offenbar unbekannt war. Aber mitunter kann man überzeugend nachweisen, daß das Geschriebene eine auffallende Ähnlichkeit mit dem Werk eines anderen Autors hat – einem Werk, das er nie gelesen zu haben glaubt.

Ich selbst fand ein auffälliges Beispiel hierfür in Nietzsches

«Also sprach Zarathustra», wo der Autor fast wörtlich einen Vorfall schildert, der in einem Schiffslogbuch aus dem Jahre 1686 aufgezeichnet ist. Rein zufällig hatte ich dieses Seemannsgarn in einem Buch gelesen, das um 1835 (ein halbes Jahrhundert bevor Nietzsche schrieb) erschienen war; als ich den gleichen Abschnitt in «Also sprach Zarathustra» fand, war ich verwundert über den eigentümlichen Stil, der Nietzsches gewöhnlicher Sprache ganz unähnlich war. Ich war überzeugt, daß Nietzsche dieses alte Buch auch gekannt haben mußte, obwohl er nichts davon erwähnte. Ich schrieb an seine damals noch lebende Schwester, die mir bestätigte, daß sie und ihr Bruder das Buch, als er elf Jahre alt war, tatsächlich gelesen hatten. Vom Kontext her ist kaum anzunehmen, daß Nietzsche diese Geschichte bewußt plagiiert hat. Ich glaube vielmehr, daß sie nach fünfzig Jahren unerwartet wieder in den Brennpunkt seines Denkens geraten war.

Was ich bisher über das Unbewußte gesagt habe, ist nur eine flüchtige Skizze der Natur und Arbeitsweise dieses komplexen Teils der menschlichen Psyche. Aber es dürfte schon die Beschaffenheit dieses unbewußten Seelenteiles gezeigt haben, aus dem die Symbole unserer Träume spontan produziert werden können. Dieses unbewußte Material kann aus allen möglichen Trieben, Impulsen und Absichten bestehen, aus Wahrnehmungen und Intuitionen, aus rationalen und irrationalen Gedanken, Voraussetzungen, Schlußfolgerungen und aus allen Arten von Gefühlen. Jede von diesen oder auch alle zusammen können teilweise, für gewisse Zeit oder auch ständig unbewußt sein.

Ein solches Material ist meistens deshalb unbewußt geworden, weil dafür im Bewußtsein sozusagen kein Platz ist. Einige unserer Gedanken verlieren ihre emotionale Energie und fallen ins Unbewußte (das heißt, wir beachten sie nicht mehr), weil sie allmählich uninteressant oder unwichtig geworden sind oder weil wir bestimmte Gründe haben, sie außer Sichtweite zu bringen. Es ist tatsächlich normal und auch notwendig für uns, auf diese

Weise zu «vergessen», um in unserem Bewußtsein Raum für neue Eindrücke und Ideen zu schaffen. Wenn dies nicht geschähe, dann würde alles, was wir je erlebt haben, oberhalb der Schwelle des Bewußtseins bleiben, und unser Kopf würde vollkommen überlastet. Da dieses Phänomen heute weithin bekannt ist, nehmen die meisten Menschen es als gegeben hin.

Aber ebenso wie bewußte Inhalte im Unbewußten verschwinden können, so können auch neue Inhalte, die nie zuvor bewußt waren, aus dem Unbewußten *aufsteigen*. Man kann zum Beispiel eine dunkle Ahnung haben, irgend etwas sei im Begriff, in das Bewußtsein einzubrechen – etwas «liegt in der Luft», oder man «riecht den Braten». Die Entdeckung, daß das Unbewußte kein bloßer Ablageplatz für das Vergangene, sondern auch voll von Keimen für zukünftige psychische Situationen und Ideen ist, führte mich zu einer neuen psychologischen Betrachtungsweise. Um diesen Punkt sind schon viele Streitgespräche entbrannt. Aber es bleibt eine Tatsache, daß zusätzlich zu Erinnerungen aus weit entfernter bewußter Vergangenheit gänzlich neue Gedanken und schöpferische Ideen aus dem Unbewußten hervorkommen können – Gedanken und Ideen, die nie zuvor bewußt gewesen sind. Sie wachsen aus den dunklen Tiefen des Geistes wie Lotosblumen und bilden einen äußerst wichtigen Bestandteil der unbewußten Psyche. Wir sehen dies im täglichen Leben, wenn Probleme manchmal durch die erstaunlichsten neuen Vorschläge gelöst werden. Viele Künstler, Philosophen und sogar Naturwissenschaftler verdanken einige ihrer besten Ideen solchen Inspirationen, die plötzlich aus dem Unbewußten kommen. Die Fähigkeit, eine derartige Ader mit so reichhaltigem Material zu entdecken und wirksam in Philosophie, Literatur, Musik oder naturwissenschaftliche Entdeckung zu übertragen, ist eines der Kennzeichen dessen, was man gewöhnlich als Genie bezeichnet.

Beweise dafür finden wir in der Geschichte der Naturwissenschaft und Kunst. Zum Beispiel verdankten der französische Mathematiker Poincaré und der Chemiker Kekulé wichtige wissenschaftliche Entdeckungen zugegebenermaßen solchen plötzlichen bildhaften «Offenbarungen» aus dem Unbewußten. Das sogenannte «mystische» Erlebnis des französischen Philosophen Descartes beruhte auf einer ähnlichen Enthüllung, in der er blitzartig die «Ordnung aller Wissenschaften» erkannte. Der englische Schriftsteller Robert Louis Stevenson hatte Jahre mit der Suche nach einer Geschichte verbracht, die seiner «starken Empfindung der zweiseitigen Natur des Menschen» entsprach, als ihm unerwartet in einem Traum die Handlung von «Dr. Jekyll und Mr. Hyde» enthüllt wurde.

Ich werde später noch ausführlicher beschreiben, wie solches Material aus dem Unbewußten aufsteigt und in welcher Form es erscheint. Zunächst möchte ich nur auf die Wichtigkeit der Traumbilder und -ideen für die Traumsymbolik hinweisen; sie drücken oft ganz neue Gedanken aus, die nie zuvor ins Bewußtsein gelangt sind.

# Die Funktion der Träume

Ich bin etwas ausführlicher auf die Ursprünge unseres Traumlebens eingegangen, weil dies der Boden ist, aus dem die meisten Symbole hervorwachsen. Leider sind Träume schwer zu verstehen. Wie ich bereits dargelegt habe, ist ein Traum von einer mit Bewußtsein erzählten Geschichte völlig verschieden. Im täglichen Leben überlegt man sich vorher, was man erzählen will, wählt die effektvollste Erzählweise und versucht, alles in einen logischen Zusammenhang zu bringen. Ein gebildeter Mensch wird möglichst alle Unklarheiten in seinem Bericht vermeiden. Aber Träume sind ganz anders angeordnet. Widersprüchlich und lächerlich erscheinende Bilder drängen sich dem Träumer auf, man verliert vollkommen den normalen Zeitsinn, und ganz gewöhnliche Dinge können einen faszinierenden oder auch bedrohlichen Aspekt bekommen.

Es mag seltsam scheinen, daß das Unbewußte sein Material so verschieden von der scheinbar übersichtlichen Anordnung aufreiht, die wir unseren Gedanken im wachen Leben auferlegen können. Aber jeder, der sich einen Traum in Erinnerung ruft, wird diesen Kontrast bemerken, der in Wirklichkeit der Hauptgrund dafür ist, warum der normale Mensch die Träume so schwer verständlich findet. Unter den Bedingungen seiner bewußten Erfahrungen ergeben sie keinen Sinn, und daher ist er geneigt, sie entweder nicht zu beachten oder zuzugeben, daß sie ihn verwirren.

Vielleicht ist dies leichter zu begreifen, wenn wir uns zunächst einmal klarmachen, daß die Vorstellungen, mit denen wir es in unserem anscheinend geordneten Leben zu tun haben, keineswegs so präzis sind, wie wir gern annehmen. Im Gegenteil, ihre Bedeutung (und ihr Gefühlsgehalt) wird immer ungenauer, je näher wir sie untersuchen. Ein Grund dafür ist, daß alles, was wir gehört und erlebt haben, unbewußt werden kann. Und selbst das, was wir in unserem Bewußtsein zurückbehalten und nach Belieben reproduzieren können, hat oft einen unbewußten Unterton bekommen und färbt die Vorstellung leicht um. Unsere bewußten Eindrücke nehmen sehr leicht ein Element unbewußter Bedeutung an, das für uns psychisch wichtig ist, obgleich wir uns der Existenz dieser unbewußten Bedeutung und der Art, wie sie die konventionelle Bedeutung teils erweitert und teils verwischt, gar nicht bewußt sind.

Natürlich sind diese psychischen Untertöne bei jedem Menschen verschieden. Jeder von uns hat seine eigenen Vorstellungen, die er individuell begreift und anwendet. Wenn ich in einem Gespräch Begriffe wie «Staat», «Geld», «Gesundheit» oder «Gesellschaft» verwende, nehme ich an, meine Zuhörer verständen darunter mehr oder weniger das gleiche wie ich. Aber die Einschränkung «mehr oder weniger» ist das, worauf ich hinauswill. Jedes Wort hat für verschiedene Menschen auch einen etwas verschiedenen Sinn, selbst unter Leuten, die denselben kulturellen Hintergrund haben. Der Grund für diese Verschiedenheit liegt darin, daß ein allgemeiner Begriff, der in einen individuellen Rahmen aufgenommen wird, immer auch leicht individuell verstanden und angewendet wird. Natürlich sind die Bedeutungsunterschiede dann am größten, wenn Menschen verschiedene soziale, politische, religiöse oder psychologische Erfahrungen haben.

Solange Begriffe mit bloßen Worten identisch sind, ist ein Unterschied kaum bemerkbar und spielt praktisch keine Rolle. Wenn aber eine exakte Definition oder eine sorgfältige Erklärung notwendig ist, kann man oft die erstaunlichsten Abweichungen feststellen, und zwar nicht nur im rein intellektuellen Verständnis, sondern auch im Gefühlston und der Anwendung des betreffenden Ausdrucks. Gewöhnlich bleiben diese Variationen allerdings unbewußt und werden deshalb nicht wahrgenommen.

Man mag diese Unterschiede als unerhebliche Bedeutungsnuancen abtun, die für den alltäglichen Gebrauch nicht ins Gewicht fallen. Aber die Tatsache ihres Vorhandenseins zeigt, daß sogar die selbstverständlichsten Bewußtseinsinhalte einen Schatten von Ungewißheit an sich haben. Auch ein äußerst sorgfältig definiertes philosophisches oder mathematisches Konzept, das unserer Ansicht nach nicht mehr enthält, als wir hineingelegt haben, ist trotzdem wesentlich inhaltsreicher, als wir annehmen. Es ist ein psychisches Ereignis und als solches teilweise undurchschaubar. Selbst einfache Zahlen sind mehr, als man gewöhnlich weiß. Sie sind gleichzeitig mythologische Elemente (den Pythagoräern waren sie sogar heilig); aber daran denkt man sicher nicht, wenn man sie für einen praktischen Zweck verwendet.

Kurz gesagt, jeder Begriff in unserem Bewußtsein hat seine eigenen psychischen Assoziationen. Solche Assoziationen können in ihrer Intensität variieren (entsprechend der relativen Wichtigkeit des betreffenden Begriffs für unsere ganze Persönlichkeit, oder den anderen Ideen, vielleicht auch Komplexen entsprechend, mit denen er in unserem Unbewußten verknüpft ist), sind aber jedenfalls imstande, den «normalen» Charakter des Begriffs zu verändern.

Diese unterschwelligen Aspekte all dessen, was uns passiert, spielen scheinbar eine ganz unwesentliche Rolle in unserem alltäglichen Leben. Aber in der Traumanalyse, wo der Psychologe mit Ausdrucksformen des Unbewußten zu tun hat, sind sie höchst bedeutsam, denn sie bilden die fast unsichtbaren Wurzeln unserer bewußten Gedanken. Ganz gewöhnliche Dinge oder Ideen haben manchmal in einem Traum eine so große psychische Bedeutung, daß wir völlig verstört erwachen, obwohl wir von nichts Schlimmerem als einer verschlossenen Tür oder einem verpaßten Zug geträumt haben.

Die Traumbilder sind wesentlich malerischer und lebhafter als die Begriffe und Erfahrungen der bewußten Wirklichkeit. Das liegt zum Teil daran, daß im Traum solche Begriffe ihre unbewußte Bedeutung offenbaren. In unseren bewußten Gedanken sperren wir uns selbst in die Grenzen rationaler Feststellungen ein, die viel weniger farbig sind, weil wir sie eines großen Teils ihrer psychischen Assoziationen beraubt haben.

Ich erinnere mich an einen meiner eigenen Träume, den ich schwierig zu interpretieren fand. In diesem Traum versuchte ein Mann, mir von hinten auf den Rücken zu springen. Ich wußte von diesem Mann nicht mehr, als daß er einmal eine Bemerkung von mir aufgeschnappt und ihre Bedeutung grotesk verzerrt hatte. Aber ich konnte keinen Zusammenhang entdecken zwischen dieser Tatsache und seinem Versuch, mir im Traum auf den Rükken zu springen. In meinem beruflichen Leben ist es jedoch schon oft passiert, daß jemand verdrehte, was ich gesagt hatte – so oft, daß ich mir kaum Gedanken gemacht habe, ob ich mich über solche Entstellungen wirklich ärgern sollte. Es hat einen gewissen Wert, seine emotionellen Reaktionen unter bewußter Kontrolle zu halten; und wie ich bald merkte, wollte der Traum darauf hinaus. Er hatte eine österreichische Redensart benutzt und diese in ein anschauliches Bild übersetzt. Diese Redensart heißt «Du kannst mir auf den Buckel steigen» und bedeutet: «Was du über mich sagst, interessiert mich nicht.»

Dieses Traumbild könnte man als symbolisch bezeichnen, denn es stellte den Sachverhalt nicht direkt, sondern indirekt fest, durch eine Metapher, die ich zunächst nicht verstand. Dies geschieht häufig, bedeutet aber nicht, daß der Traum sich sozusagen «maskiert». Es zeigt vielmehr unseren Mangel an Verständnis für eine gefühlsbeladene bildhafte Sprache. In unserem täglichen Umgang mit Menschen müssen wir uns so genau wie möglich ausdrücken; dabei entziehen wir unserer Sprache und unseren Gedanken alle Phantasie und verlieren damit eine Eigenschaft, die für den primitiven Geist immer noch typisch ist. Die meisten von uns haben all die phantastischen psychischen Assoziationen, die jedem Gegenstand und jeder Idee zugehören, ganz dem Unbewußten anheimgegeben. Der Primitive jedoch nimmt diese psychischen Eigenarten immer noch wahr; er stattet Tiere, Pflanzen und Steine mit Kräften aus, die uns unverständlich sind.

Ein afrikanischer Dschungelbewohner sieht ein Nachttier bei Tageslicht und «weiß», es ist eigentlich ein Medizinmann, der nur vorübergehend diese Gestalt angenommen hat. Oder er betrachtet es als die Buschseele oder den Geist eines Stammesahnen. Ein Baum kann eine wesentliche Rolle im Leben eines Primitiven spielen, da er scheinbar seine eigene Seele und Stimme besitzt, und der betreffende Mensch fühlt, er teilt das Schicksal des Baumes. In Südamerika gibt es Indianer, die versichern, sie seien rote Arara-Papageien, obgleich sie natürlich sehen, daß sie keine Federn, Flügel und Schnäbel haben. In der Welt der Primitiven haben die Dinge keine so scharfe Abgrenzung wie in unserer «vernünftigen» Gesellschaft.

Was Psychologen als psychische Identität oder «participation mystique» bezeichnen, ist aus unserer Tatsachenwelt verschwunden. Aber gerade diese unbewußten Assoziationen sind es, die der Welt der Primitiven ein so farbiges und phantasievolles Aussehen geben. Wir selbst haben diesen Aspekt so völlig verloren, daß wir ihn sogar nicht mehr erkennen, wenn wir ihm wieder begegnen. Tritt er gelegentlich in Erscheinung, dann behaupten wir, irgend etwas sei nicht in Ordnung.

Mehr als einmal bin ich von intelligenten und gebildeten Leuten konsultiert worden, die merkwürdige und teilweise erschrekkende Träume, Phantasien oder auch Visionen hatten. Sie glaubten, kein geistig gesunder Mensch könne derartige Träume haben, und jemand, der eine Vision habe, sei offenbar geistesgestört. Ein Theologe sagte mir einmal, die Visionen Ezechiels wären nichts anderes als Krankheitssymptome gewesen, und als Moses und andere Propheten «Stimmen» hörten, hätten sie Halluzinationen gehabt. Man kann sich vorstellen, welchen panischen Schrecken er bekam, als ihm selbst einmal «spontan» etwas Ähnliches geschah. Wir sind so sehr an die scheinbar vernünftige Beschaffenheit unserer Welt gewöhnt, daß wir uns kaum etwas vorstellen können, das nicht mit dem gesunden Menschenverstand zu erklären wäre. Wenn ein Primitiver einem solchen Schock ausgesetzt wäre, würde er nicht an seinem Geisteszustand zweifeln, sondern an Fetische, Geister oder Götter denken.

Allerdings sind die Schrecken, die unsere hochentwickelte Zivilisation hervorbringt, wahrscheinlich wesentlich bedrohlicher als diejenigen, die primitive Völker den Dämonen zuschreiben. Die Einstellung des modernen Menschen erinnert mich manchmal an einen psychotischen Patienten in meiner Klinik, der selber Arzt war. Als ich ihn eines Morgens fragte, wie es ihm ginge, sagte er, er hätte eine wunderbare Nacht gehabt und den ganzen Himmel mit Quecksilberchlorid desinfiziert, bei diesem gründlichen Reinigungsprozeß aber keine Spur von Gott entdeckt. Dafür haben wir hier eine Neurose oder etwas Schlimmeres. Statt Gott oder «Gottesfurcht» hat er eine Angstneurose oder eine Art Phobie. Die Emotion ist dieselbe geblieben, aber ihr Objekt hat seinen Namen und seinen Charakter unheilvoll verändert.

Ein Philosophieprofessor suchte mich einmal wegen seiner Krebsangst auf. Er litt unter der Zwangsvorstellung, einen bösartigen Tumor zu haben, obschon Dutzende von Röntgenaufnahmen nichts dergleichen ergeben hatten. «Ich weiß, da ist nichts», sagte er, «aber es *könnte* ja etwas da sein.» Was veranlaßte ihn zu dieser Vorstellung? Sie kam offensichtlich von einer Furcht, die durch keine bewußte Überlegung ausgelöst worden war. Der krankhafte Gedanke überfiel ihn ganz plötzlich und mit einer Macht, gegen die er nichts ausrichten konnte.

Für einen gebildeten Menschen ist es viel schwieriger, ein derartiges Eingeständnis zu machen, als es für einen Primitiven wäre, zuzugeben, er sei von einem Geist besessen. Der schädliche Einfluß böser Geister ist in einer primitiven Kultur wenigstens eine zulässige Hypothese; aber für einen zivilisierten Menschen ist es eine niederschmetternde Erfahrung, zugeben zu müssen, sein Leiden sei weiter nichts als ein törichter Streich, den ihm seine Einbildung spielt. Das primitive Phänomen der *Besessenheit* ist aber noch keineswegs verschwunden; es wird heute nur anders gedeutet.

Solche Vergleiche zwischen primitiven und modernen Menschen sind, wie ich später noch ausführen werde, wesentlich für ein Verständnis der menschlichen Fähigkeit zur Symbolbildung sowie für die Rolle, die die Träume als Ausdrucksmittel dieser Fähigkeit spielen. Wie man feststellen kann, zeigen viele Träume Bilder und Assoziationen, die primitiven Vorstellungen, Mythen und Riten analog sind. Solche Traumbilder nannte Freud «archaische Überreste»; diese Bezeichnung impliziert, daß es sich dabei um psychische Elemente handelt, die historisch im menschlichen Geist überlebt haben. Eine derartige Auffassung ist aber nur für Menschen typisch, die das Unbewußte als Anhängsel des Bewußtseins betrachten.

Meine weiteren Untersuchungen zeigten mir, daß dieser Standpunkt unhaltbar ist. Ich fand heraus, daß Assoziationen und Bilder dieser Art ein wesentlicher Bestandteil des Unbewußten sind und überall beobachtet werden können, bei gebildeten und ungebildeten Träumern. Sie sind durchaus keine leblosen oder bedeutungslosen «Reste», sondern immer noch wirksam und gerade wegen ihrer «historischen» Natur besonders wertvoll. Sie bilden eine Brücke zwischen unserer bewußten, abstrakten und einer primitiveren, farbigeren, bildhafteren Ausdrucksweise. Diese «historischen» Assoziationen sind das Bindeglied zwischen der rationalen Welt des Bewußtseins und der Welt des Instinktes.

Ich habe schon den auffallenden Gegensatz zwischen den «kontrollierten» Gedanken und dem Reichtum der Traumbilder besprochen. Nun läßt sich noch ein anderer Grund für diesen Unterschied erkennen: Da wir in unserem zivilisierten Leben so viele Ideen ihrer emotionalen Energie beraubt haben, reagieren wir nicht mehr auf sie. Wir verwenden solche Vorstellungen zwar beim Sprechen und zeigen auch eine konventionelle Reaktion, wenn andere sie gebrauchen, aber sie machen keinen besonderen Eindruck mehr auf uns. Es braucht daher stärkere Mittel, um uns gewisse Dinge so wirkungsvoll nahezubringen, daß wir unser Verhalten ändern. Diese Wirkung besitzt die «Traumsprache»; ihre Symbolik hat noch genügend psychische Energie, um uns zu zwingen, ihr Aufmerksamkeit zu schenken.

Eine Dame war für ihre törichten Vorurteile und ihren starrköpfigen Widerstand gegen vernünftige Argumente bekannt; jede Diskussion mit ihr verlief ergebnislos. Eines Nachts träumte sie, sie nehme an einem wichtigen gesellschaftlichen Anlaß teil. Die Gastgeberin begrüßte sie mit den Worten: «Wie nett, daß Sie gekommen sind! Ihre Freundinnen erwarten Sie schon.» Sie führte den Gast zu einer Tür, öffnete, und die Träumerin betrat – einen Kuhstall.

Diese Traumsprache war selbst für einen Dummkopf leicht zu verstehen. Die Frau wollte zunächst den Sinn des Traumes, der so direkt ihre Überheblichkeit bloßstellte, nicht zugeben; aber schließlich konnte sie doch nicht umhin, die Botschaft anzunehmen.

Solche Hinweise des Unbewußten sind wichtiger, als die meisten Menschen sich klarmachen. In unserem bewußten Leben sind wir verschiedenartigen Einflüssen ausgesetzt. Andere Menschen regen uns an oder bedrücken uns, Ereignisse im Beruf oder im gesellschaftlichen Leben lenken uns ab. Viele Dinge verführen uns, Wege einzuschlagen, die unserer Individualität nicht angemessen sind. Ob wir ihre Wirkung wahrnehmen oder nicht, unser Bewußtsein wird jedenfalls gestört und ist ihnen fast wehrlos ausgeliefert. Dies ist besonders bei solchen Menschen der Fall, deren extravertierte geistige Einstellung allen Nachdruck auf äußere Dinge legt oder die Minderwertigkeitsgefühle haben und Zweifel an sich selbst hegen.

Je mehr das Bewußtsein von Vorurteilen, Irrtümern, Phantasien und infantilen Wünschen beeinfluße ist, desto mehr erweitert sich die schon bestehende Lücke zu einer neurotischen Dissoziation und führt zu einem mehr oder weniger künstlichen Leben, das weit von Natürlichkeit und gesunden Instinkten entfernt ist.

Die allgemeine Funktion der Träume besteht in dem Versuch, uns das psychische Gleichgewicht wiederzugeben, indem sie Traummaterial produzieren, das auf subtile Weise die gesamte psychische Balance wiederherstellt. Dies nenne ich die komplementäre (oder kompensatorische) Funktion der Träume. Das erklärt zum Beispiel, warum Menschen, die unrealistische Ideen oder eine zu hohe Meinung von sich selbst haben oder allzu grandiose Pläne machen, die außerhalb ihrer Möglichkeiten liegen, oft vom Fliegen oder Fallen träumen. Der Traum kompensiert die Mängel ihrer Persönlichkeit und warnt sie gleichzeitig vor den Gefahren ihres gegenwärtigen Kurses. Wenn die Warnungen des Traumes nicht beachtet werden, können wirkliche Unfälle die Folge sein.

Ein ehemaliger Patient von mir, der in eine Anzahl zweifelhafter Affären verwickelt war, hatte eine nahezu krankhafte Leidenschaft für gefährliches Bergsteigen, als eine Art Kompensation, entwickelt. Er versuchte, «über sich hinauszuwachsen». In einem Traum sah er sich nachts vom Gipfel eines hohen Berges in leeren Raum treten. Als er mir diesen Traum erzählte, erkannte ich sofort die Gefahr, in der er sich befand, und riet ihm dringend zur Vorsicht. Ich sagte ihm sogar, sein Traum lasse einen Bergunfall ahnen. Aber es war umsonst. Sechs Monate später trat er wirklich «ins Leere». Ein Bergführer beobachtete ihn und seinen Freund, wie sich beide an einem Seil zu einer gefährlichen Stelle hinabließen. Der Freund hatte einen vorläufig festen Stand auf einem Felsvorsprung gefunden, und der Träumer folgte ihm. Plötzlich ließ er das Seil los, «als ob er in die Luft spränge», wie der Bergführer sagte. Er fiel auf seinen Freund, und beide stürzten ab und fanden den Tod.

Ein anderer typischer Fall war der einer Frau, die stolz und hochfahrend war, aber scheußliche Träume von allen möglichen unappetitlichen Dingen hatte. Die Träume wurden allmählich drohender, indem sie auf die einsamen Spaziergänge Bezug nahmen, die die Frau gewöhnlich machte, wobei sie sich gefühlvollen Phantasien hingab. Ich erkannte die Gefahr, aber die Patientin hörte nicht auf meine Warnungen. Kurze Zeit später wurde sie im Wald von einem Sexualverbrecher überfallen, der sie getötet hätte, wären nicht auf ihre Schreie hin einige Leute ihr zu Hilfe gekommen.

Dies alles hing nicht mit Magie zusammen. Die Träume hatten angedeutet, daß die Frau ein geheimes Verlangen nach einem solchen Erlebnis hatte – ebenso wie der Bergsteiger unbewußt einen endgültigen Ausweg aus seinen Schwierigkeiten suchte. Allerdings hatte offenbar keiner von beiden den hohen Preis dafür mit einkalkuliert: Sie hatte mehrere Knochenbrüche erlitten, und er bezahlte mit seinem Leben.

Träume kündigen somit manchmal Situationen an, lange bevor diese wirklich eintreten. Dies kann man nicht unbedingt als Wunder bezeichnen. Viele Krisen in unserem Leben haben eine lange unbewußte Geschichte. Wir nähern uns ihnen Schritt für Schritt, ohne der Gefahren gewahr zu werden. Doch was wir mit dem Bewußtsein nicht wahrnehmen, wird häufig vom Unbewußten erkannt und durch Träume mitgeteilt.

Träume warnen uns oft auf diese Weise; aber ebensooft scheinen sie es nicht zu tun. Deshalb sollte man sich nicht auf eine gütige Hand verlassen, die uns immer rechtzeitig vor Gefahren zurückhält. Oder, um es positiver auszudrücken: Es scheint, als ob eine gütige Macht manchmal am Werk sei, manchmal aber auch nicht. Die mysteriöse Hand kann sogar den Weg ins Verderben zeigen; Träume erweisen sich mitunter als Fallen, jedenfalls scheint es so. Sie verhalten sich oft wie das delphische Orakel, das dem König Krösus sagte, wenn er den Halys-Fluß überschritte, würde er ein großes Königreich zerstören. Als er den Fluß überschritten und dann in der Schlacht eine vollständige Niederlage erlitten hatte, entdeckte er, daß sein eigenes Reich gemeint gewesen war.

Ich bestreite nicht, daß die zivilisierte Gesellschaft bedeutsame Errungenschaften zu verzeichnen hat. Aber diese Errungenschaften sind mit enormen Verlusten erkauft worden, deren Ausmaß wir noch kaum abzuschätzen vermögen. Der Zweck meiner Vergleiche zwischen primitiven und zivilisierten Gesellschaften war es, die Bilanz dieser Gewinne und Verluste aufzuzeigen. Der primitive Mensch war weit mehr von seinen Instinkten gelenkt, als es seine «vernünftigen» modernen Nachkömmlinge sind, die gelernt haben, sich selbst «unter Kontrolle» zu halten. In diesem Zivilisierungsprozeß haben wir zunehmend unser Bewußtsein von den tieferen instinktiven Schichten der menschlichen Psyche und schließlich sogar von der somatischen Basis des psychischen Phänomens abgetrennt. Glücklicherweise haben wir aber diese grundlegenden instinktiven Schichten nicht verloren; sie bleiben Bestandteil des Unbewußten, auch wenn sie sich vielleicht nur in Form von Traumbildern äußern. Diese instinktiven Erscheinungen – deren Sinn man nicht immer gleich erkennen kann, da sie symbolischen Charakter haben – spielen eine wesentliche Rolle in dem, was ich als die kompensatorische Funktion der Träume bezeichnet habe.

Um der geistigen Stabilität und auch um der physiologischen Gesundheit willen müssen das Unbewußte und das Bewußtsein miteinander verbunden funktionieren. Werden sie voneinander getrennt oder «dissoziiert», dann ergibt sich eine psychische Störung. Traumsymbole sind demnach die wichtigsten Mitteilungsträger von den instinktiven zu den rationalen Teilen des menschlichen Geistes, und ihre Deutung bereichert das Bewußtsein, das dadurch die vergessene Sprache der Instinkte wieder verstehen lernt.

Die meisten Menschen halten Traumdeutung für überflüssig. Diese Erfahrung habe ich unter anderem bei einem primitiven Stamm in Ostafrika gemacht. Zu meinem Erstaunen stritten die Eingeborenen ab, überhaupt Träume zu haben. Aber durch geduldige Gespräche fand ich bald heraus, daß sie zwar ebenso träumten wie andere Menschen, den Träumen aber keine Bedeutung beimaßen. «Träume von normalen Menschen bedeuten nichts», sagten sie mir. Sie glaubten, nur Häuptlinge und Medizinmänner hätten wichtige Träume; diese beträfen das Wohl des Stammes und würden daher hoch eingeschätzt. Allerdings hatten auch der Häuptling und der Medizinmann angeblich keine Träume mehr, und zwar seit der Zeit, als die Engländer ins Land gekommen waren. Der Distriktbevollmächtigte – der englische Verwaltungsbeamte – hatte die Funktion der «großen Träume» übernommen, die das Verhalten des Stammes bis dahin bestimmt hatten.

In gewisser Hinsicht verhielten sich diese Eingeborenen wie moderne Menschen, die, nur weil sie ihre Träume nicht verstehen, diese ebenfalls für belanglos halten. Aber auch ein zivilisierter Mensch kann manchmal bemerken, daß ein Traum (an den er sich vielleicht gar nicht mehr genau erinnert) seine Stimmung hebt oder verschlechtert. Der Traum ist dann «verstanden» worden, wenn auch nur unbewußt. Nur wenn ein Traum besonders eindrucksvoll ist oder sich mehrmals wiederholt, sind viele Menschen an einer Deutung interessiert.

Hier muß ich ein warnendes Wort einfügen. Es gibt Leute, deren Geisteszustand so unausgeglichen ist, daß eine Interpretation ihrer Träume gefährlich werden kann; in einem solchen Fall empfiehlt sich besondere Vorsicht und Behutsamkeit von seiten des Psychologen.

Übrigens wäre es töricht, an gebrauchsfertige systematische Anleitungen zur Traumdeutung zu glauben, als ob man einfach ein Nachschlagewerk kaufen und ein bestimmtes Symbol und seine Bedeutung heraussuchen könnte. Kein Traumsymbol kann von dem Menschen, der davon geträumt hat, abgetrennt werden; denn es gibt keine allgemeingültige Deutung für einen Traum.

Es stimmt zwar, daß es typische und häufig auftretende Träume und einzelne Symbole (ich würde sie lieber «Motive» nennen) gibt, wie etwa das Fliegen, Fallen, Verfolgtwerden usw. Ein typisch infantiles Motiv ist ein Traum, in dem man winzig klein oder riesengroß wird oder sich von einem Zustand in den andern verwandelt. Aber ich muß nochmals betonen, dies sind Motive, die im Kontext des Traumes, nicht als sich selbst erklärende Chiffren gesehen werden müssen.

Der immer wiederkehrende Traum ist ein beachtenswertes Phänomen. Gewöhnlich stellt er einen Versuch des Unbewußten dar, eine mangelhafte Lebenseinstellung des Träumers zu kompensieren; er kann aber auch aus einem traumatischen Erlebnis kommen oder manchmal einem wichtigen Ereignis vorausgehen.

Ich selber träumte jahrelang von einem Motiv, und zwar «entdeckte» ich einen Teil meines Hauses, von dessen Existenz ich gar nichts wußte. Manchmal war es die Wohnung, in der meine lange verstorbenen Eltern lebten und wo mein Vater zu meinem Erstaunen ein Laboratorium hatte, in dem er die Anatomie der Fische untersuchte, während meine Mutter ein Hotel für Geister leitete. Gewöhnlich war dieser mir unvertraute Teil des Hauses ein altes Gebäude, das lange vergessen, aber doch mein ererbtes Eigentum war. Es enthielt antikes Mobiliar, und gegen Ende dieser Traumserie entdeckte ich eine alte Bibliothek, deren Bücher ich nicht kannte. Schließlich, im letzten Traum, schlug ich eines der Bücher auf und fand darin eine Menge erstaunlicher symbolischer Bilder. Als ich erwachte, klopfte mein Herz spürbar vor Aufregung.

Einige Zeit vor diesem letzten Traum der Serie hatte ich einem Antiquariat einen Auftrag erteilt, der eine der klassischen Sammlungen mittelalterlicher Alchimisten betraf. In der Literatur hatte ich ein Zitat gefunden, das meiner Ansicht nach eine Beziehung zur frühen byzantinischen Alchimie hatte; das wollte ich nachprüfen. Einige Wochen nachdem ich den Traum von dem unbekannten Buch hatte, kam ein Päckchen von dem Buchhändler an. Es enthielt einen Pergamentband aus dem 16. Jahrhundert und war illustriert mit faszinierenden symbolischen Bildern, die mich sofort an diejenigen aus meinem Traum erinnerten. Da die Wiederentdeckung der Bedeutung der alchimistischen Symbole ein wichtiger Teil meiner psychologischen Pionierarbeiten wurde, ist das Motiv meines immer wiederkehrenden Traumes leicht zu verstehen. Das Haus war ein Symbol für mein Wesen und meine bewußten Interessengebiete; und das unbekannte Nebengebäude war die Vorahnung eines neuen Interessen- und Forschungsbereiches, den mein Bewußtsein noch nicht kannte. Von dem Zeitpunkt an, vor dreißig Jahren, kam der Traum nie wieder.

# Die Traumanalyse

Ich habe anfangs auf den Unterschied zwischen Zeichen und Symbol hingewiesen. Ein Zeichen ist immer weniger gehaltvoll als der Begriff, für den es steht, während ein Symbol mehr enthält, als man auf den ersten Blick erkennen kann. Symbole sind außerdem natürliche und spontane Erscheinungen, man erfindet sie nicht. Niemand kann einem mehr oder weniger vernünftigen Gedanken, den er durch logische Überlegung gewonnen hat, anschließend eine «symbolische» Form geben. Wie phantasievoll man eine derartige Idee auch ausschmücken mag, sie ist immer nur ein mit dem bewußten Gedanken verbundenes Zeichen, kein Symbol, das auf etwas noch Unbekanntes hinweist. In Träumen hingegen treten Symbole spontan auf, denn Träume geschehen, sie werden nicht erfunden; sie bilden daher die Hauptquelle unserer Symbolkenntnis.

Allerdings muß ich betonen, daß Symbole nicht nur in Träumen vorkommen, sondern auch in anderen Arten psychischer Manifestationen. Es gibt symbolische Gedanken und Gefühle, symbolische Handlungen und Situationen. Oft scheint es, als ob sogar unbelebte Objekte in der Anordnung symbolischer Muster mit dem Unbewußten zusammenarbeiten. Es gibt zahlreiche authentische Berichte über Uhren, die beim Tode des Besitzers stehenblieben; zum Beispiel die Pendeluhr im Schloß Friedrichs des Großen, die stehenblieb, als der König starb. Andere bekannte Beispiele sind: der Spiegel, der zerbricht, oder das Bild, das von der Wand fällt, wenn jemand stirbt; oder auch geringfügige, aber unerklärliche Schäden in einem Haus, in dem jemand eine Gefühlskrise durchmacht. Auch wenn Skeptiker solchen Berichten keinen Glauben schenken, hört man immer wieder derartige Erzählungen, und diese Tatsache allein sollte genügen, um die psychologische Bedeutsamkeit dieser Berichte zu unterstreichen.

Es gibt jedoch viele Symbole (zum Teil sehr wichtige), die ihrem Charakter und Ursprung nach nicht individuell, sondern *kollektiv* sind. Dabei handelt es sich hauptsächlich um religiöse Bilder. Der Gläubige nimmt an, sie seien göttlichen Ursprungs und dem Menschen geoffenbart worden. Der Skeptiker hält sie für erfunden. Beide haben unrecht. Zwar ist die Behauptung des Skeptikers insofern richtig, als religiöse Symbole und Begriffe oft jahrhundertelang Gegenstand sorgfältiger und bewußter Bearbeitung gewesen sind. Ebenso richtig ist die Vermutung des Gläubigen, der Ursprung der Symbole liege so tief im Geheimnis der Vergangenheit begraben, daß sie aus keiner menschlichen Quelle zu stammen scheinen. In Wirklichkeit sind es aber «kollektive Vorstellungen», die auf frühesten Menschheitsträumen und schöpferischen Phantasien beruhen. Als solche sind diese Bilder spontane Erscheinungen und keineswegs willkürliche Erfindungen.

Diese Tatsache hat, wie ich später noch erläutern werde, einen wichtigen Bezug zur Traumdeutung. Man wird selbstverständlich einen Traum, den man für symbolisch hält, anders interpretieren, als wenn man glaubt, der treibende Gedanke sei bereits bekannt und durch den Traum nur «verkleidet». Im letzteren Fall hat Traumdeutung wenig Sinn, denn man wird nur das finden, was man schon weiß.

Aus diesem Grund habe ich zu meinen Schülern immer gesagt: «Lernen Sie soviel wie möglich über Symbolik, aber vergessen Sie dann alles wieder, wenn Sie einen Traum analysieren.» Diesen für die Praxis bedeutsamen Ratschlag habe ich mir selber zur Regel gemacht; er erinnert mich immer daran, daß ich niemals den Traum eines andern Menschen gut genug verstehen kann, um ihn völlig richtig zu deuten. Ich versuche damit, den Strom meiner eigenen Assoziationen und Reaktionen einzudämmen, die sonst möglicherweise über die Unsicherheit und Unschlüssigkeit meines Patienten die Oberhand gewinnen könnten. Da es für einen Analytiker von größter Wichtigkeit ist, die spezielle Botschaft eines Traumes (den Beitrag, den das Unbewußte für das Bewußtsein leistet) so genau wie möglich zu vernehmen, ist es wesentlich, den Trauminhalt mit äußerster Gründlichkeit zu erforschen.

Als ich mit Freud zusammenarbeitete, hatte ich selber einen Traum, der diesen Punkt veranschaulicht. Ich träumte, ich sei «bei mir zu Hause», in einem behaglichen Wohnzimmer, das im Stil des 18. Jahrhunderts eingerichtet war; offenbar befand ich mich im ersten Stockwerk. Ich wunderte mich, dieses Zimmer noch nie gesehen zu haben, und war neugierig, wie wohl das Erdgeschoß aussehen mochte. Ich ging die Treppe hinunter und kam in einen ziemlich dunklen Raum mit holzgetäfelten Wänden und schweren Möbeln etwa aus dem 16. Jahrhundert oder noch früher. Meine Neugier und mein Erstaunen wuchsen. Ich wollte mehr von dem Haus sehen. Ich stieg also in den Keller hinunter und sah dort eine Tür, durch die man zu einer Steintreppe gelangte, welche in ein großes Gewölbe führte. Der Fußboden war mit großen Steinplatten ausgelegt, und die Wände sahen sehr alt aus. Ich untersuchte den Mörtel und stellte fest, daß er mit Ziegelsteinsplittern durchsetzt war. Offenbar waren die Wände römischen Ursprungs. Ich wurde immer aufgeregter. In einer Ecke entdeckte ich einen Eisenring auf einer Steinplatte. Ich hob die Platte hoch und bemerkte eine weitere schmale Steintreppe, die zu einer Art Höhle führte, scheinbar einem prähistorischen Grab, in welchem zwei Schädel, mehrere Knochen und zerbrochene Tonscherben lagen. Dann erwachte ich.

Wäre Freud bei der Analyse dieses Traumes meiner Methode

der spezifischen Assoziationen und Kontextuntersuchung gefolgt, so hätte er eine weitreichende Geschichte erfahren. Aber ich fürchte, er hätte sie bloß als den Versuch gewertet, vor einem Problem zu fliehen, das in Wirklichkeit sein eigenes war. Tatsächlich war der Traum eine kurze Zusammenfassung meines Lebens, insbesondere meiner geistigen Entwicklung. Ich war in einem zweihundert Jahre alten Haus aufgewachsen, und unsere Einrichtung bestand zum größten Teil aus Möbeln, die etwa dreihundert Jahre alt waren. Mein bis dahin größtes geistiges Abenteuer war das Studium der Philosophie Kants und Schopenhauers gewesen. Das große Ereignis der Zeit war das Werk von Charles Darwin. Kurz zuvor hatte ich noch mit den mittelalterlichen Vorstellungen meiner Eltern gelebt, für die die Welt immer noch von einer göttlichen Allmacht und Vorsehung gelenkt wurde. Diese Welt war antiquiert und überholt. Mein christlicher Glaube war durch die Bekanntschaft mit östlichen Religionen und griechischer Philosophie relativiert worden. Aus diesem Grund war das Erdgeschoß so still, dunkel und offensichtlich unbewohnt.

Mein damaliges historisches Interesse hatte sich aus der ursprünglichen Beschäftigung mit vergleichender Anatomie und Paläontologie entwickelt, während ich als Assistent am Anatomischen Institut arbeitete. Besonders fasziniert war ich von dem vieldiskutierten Neandertaler und dem Pithecanthropus von Dubois. Das waren meine Assoziationen zu dem Traum. Aber ich wagte nicht, über Schädel, Skelette oder Leichen zu reden, denn ich hatte erfahren, daß dieses Thema Freud unangenehm war. Merkwürdigerweise glaubte er, ich ahnte seinen frühen Tod voraus. Diesen Schluß zog er aus der Tatsache, daß ich großes Interesse für die mumifizierten Leichen im sogenannten Bleikeller in Bremen gezeigt hatte, den wir 1909, bevor wir nach Amerika fuhren, besichtigten.

Es widerstrebte mir daher, meine Gedanken auszusprechen,

zumal ich erst kurz zuvor die eindrückliche Erfahrung gemacht hatte, daß zwischen Freuds und meinem geistigen Standpunkt und Hintergrund eine fast unüberbrückbare Kluft bestand. Ich befürchtete, seine Freundschaft zu verlieren, wenn ich ihm meine innere Welt öffnen würde, die ihm, wie ich vermutete, sehr sonderbar vorgekommen wäre. Ich log ihm also etwas über meine «freien Assoziationen» vor, um mich der Schwierigkeit einer Erklärung meiner abweichenden Auffassungen zu entziehen.

Ich muß mich entschuldigen für diesen ziemlich weitschweifigen Bericht über die Klemme, in die ich geriet, als ich Freud meinen Traum erzählte. Doch es ist ein gutes Beispiel für die unangenehme Lage, in die man im Laufe einer Traumanalyse kommen kann. Sehr viel hängt von den persönlichen Unterschieden zwischen Analytiker und Analysand ab.

Während ich versuchte, auf Freuds Fragen passende Antworten zu finden, verwirrte mich ganz plötzlich die Erkenntnis, welche große Rolle der subjektive Faktor in der psychologischen Verständigung spielt. Dies Gefühl war so überwältigend, daß ich nur daran dachte, möglichst schnell aus dieser unmöglichen Situation herauszukommen; ich wählte deshalb den leichten Ausweg über eine Lüge. Das war weder elegant noch moralisch vertretbar, aber ich wäre sonst in einen verhängnisvollen Streit mit Freud geraten, was ich vermeiden wollte.

Meine intuitive Erkenntnis bestand in der plötzlichen und unerwarteten Einsicht, daß mein Traum *mich* meinte, *mein* Leben und *meine* Welt, meine ganze Realität gegen eine theoretische Struktur, die von einem fremden Verstand aus dessen eigenen Gründen und für dessen eigene Zwecke errichtet war. Es war nicht Freuds Traum, sondern mein eigener; und auf einmal verstand ich auch, was mein Traum bedeutete.

Dieser Konflikt veranschaulicht einen wichtigen Punkt in der Traumanalyse. Sie ist weniger eine erlernbare Technik als vielmehr ein dialektischer Austausch zwischen zwei Personen. Behandelt man sie als mechanische Technik, dann geht die individuelle psychische Persönlichkeit des Träumers verloren, und das therapeutische Problem wird auf die Frage reduziert: Wer von beiden – der Analytiker oder der Träumer – wird den anderen beherrschen? Aus eben diesem Grunde habe ich hypnotische Behandlungen aufgegeben. Ich wollte meinen Willen nicht anderen Menschen aufzwingen, sondern die Heilungsprozesse aus der eigenen Persönlichkeit des Patienten wachsen lassen, ohne die Würde und Freiheit des betreffenden Menschen einzuschränken.

Das Individuum ist die einzige Realität. Je weiter wir uns vom Individuum zu abstrakten Ideen über den Homo sapiens entfernen, um so wahrscheinlicher werden wir Irrtümern verfallen. In dieser Zeit sozialer Umwälzungen und rapider Veränderungen ist wichtiger als je, möglichst viel über das Wesen des einzelnen zu erfahren; und zwar müssen wir seine Vergangenheit ebenso verstehen lernen wie seine Gegenwart. Aus diesem Grund ist ein Verständnis der Mythen und Symbole von entscheidender Bedeutung.

# Das Typenproblem

Im Unterschied zu anderen Wissenschaftszweigen, in denen Hypothesen über unbelebte Dinge aufgestellt werden können, behandelt die Psychologie die lebendigen Beziehungen zwischen Menschen, die ihrer subjektiven Persönlichkeit nicht entkleidet oder auf irgendeine Weise entpersönlicht werden können. Der Analytiker und sein Patient mögen übereinstimmend davon ausgehen, ein ausgewähltes Problem auf unpersönliche, objektive Art besprechen zu wollen; wenn sie aber erst einmal engagiert sind, ist ihre ganze Persönlichkeit in die Diskussion verstrickt. Ein weiterer Fortschritt kann dann nur erzielt werden, wenn man gegenseitige Übereinstimmung erreicht.

Können wir über das Endresultat ein objektives Urteil fällen? Nur dann, wenn wir unsere Schlußfolgerungen mit den Maßstäben vergleichen, die in dem sozialen Milieu gelten, dem die einzelnen angehören. Und auch dann müssen wir noch das geistige Gleichgewicht (die geistige «Gesundheit») des betreffenden Menschen in Rechnung stellen. Denn das Ergebnis kann kein vollständiges Einordnen des einzelnen in das Kollektiv sein, um ihn den Normen seiner Gesellschaft anzupassen. Das würde zu einem ganz unnatürlichen Zustand führen. In einer gesunden und normalen Gesellschaft stimmen die Menschen gewöhnlich nicht völlig miteinander überein, außer im Bereich gewisser Instinkte.

Unstimmigkeiten fungieren als Träger und Anreger des geistigen Lebens in der Gesellschaft, aber sie sind nicht das Ziel; Übereinstimmung ist genauso wichtig. Da die Psychologie grundsätzlich abhängt von einem Gleichgewicht der Gegensätze, kann kein Urteil als endgültig angesehen werden, dessen Umkehrung nicht in Rechnung gestellt worden ist. Es gibt eben keine Möglichkeit, über das Wesen der Psyche abschließende Aussagen zu machen.

Obgleich Träume eine individuelle Behandlung erfordern, sind einige allgemeine Einteilungen notwendig, um das Material, das der Psychologe bei seinen Beobachtungen sammelt, zu klassifizieren und zu klären. Man kann selbstverständlich keine psychologische Theorie formulieren und lehren, wenn man nicht eine große Anzahl verschiedener Fälle vorher miteinander verglichen hat. Als Grundlage kann jedes allgemeine Charakteristikum benutzt werden. Man kann zum Beispiel einfach unterscheiden zwischen «extravertierten» und «introvertierten» Menschen. Dies ist nur eine von vielen möglichen Verallgemeinerungen, aber sie läßt bereits ahnen, welche Schwierigkeiten entstehen können, wenn der Analytiker zufällig ein anderer Typus ist als sein Patient.

Da jede tiefergehende Traumanalyse zur Konfrontation zweier Individuen führt, wird es offenbar einen großen Unterschied machen, ob beide zum gleichen Einstellungstypus gehören oder nicht. Gehören sie zum gleichen Typ, dann kommen sie möglicherweise eine lange Zeit gut miteinander aus. Ist aber der eine extravertiert und der andere introvertiert, dann können ihre entgegengesetzten Standpunkte hart aufeinanderstoßen, besonders wenn sie ihren Persönlichkeitstypus selbst nicht kennen oder den eigenen für den einzig richtigen halten. Der Extravertierte nimmt normalerweise den Standpunkt der Mehrheit ein; der Introvertierte wird diese Haltung ablehnen. Was für den einen wertvoll ist, bedeutet dem anderen unter Umständen gar nichts. Freud selbst deutete zum Beispiel den introvertierten Typ als einen, der krankhaft mit sich selber beschäftigt ist. Aber Selbstbeobachtung und Selbstkenntnis können ebensogut von größter Wichtigkeit sein.

Es ist dringend notwendig, solche Unterschiedlichkeiten bei der Traumanalyse in Betracht zu ziehen. Man darf nicht glauben, der Analytiker sei ein Übermensch, der über den Dingen stehe, nur weil er eine psychologische Theorie kennt und sich eine gewisse Technik erworben hat. Theorie und Technik sind nie imstande, die ganze menschliche Psyche zu umfassen; der Analytiker muß vielmehr der lebendigen Ganzheit des Patienten mit seiner eigenen ganzen Persönlichkeit gegenübertreten. Für ihn ist die analytische Arbeit ebenso eine Prüfung wie für den Patienten. Deshalb spielt es eine Rolle, ob die beiden Persönlichkeiten sich miteinander in Harmonie befinden.

Extraversion und Introversion sind nur zwei von vielen Besonderheiten menschlichen Verhaltens; sie sind meist ziemlich leicht zu erkennen. Untersucht man aber beispielsweise extravertierte Menschen näher, dann entdeckt man bald, daß sie sich in vieler Hinsicht voneinander unterscheiden, daß also Extraversion nur ein sehr oberflächliches Kennzeichen ist. Deshalb habe ich schon vor langer Zeit versucht, weitere grundlegende Besonderheiten zu finden, um den offenbar grenzenlosen Verschiedenheiten menschlicher Individualität eine gewisse Ordnung zu geben.

Mich hat immer wieder beeindruckt, wie viele Menschen niemals ihren Verstand gebrauchen oder wenn, dann in erstaunlich törichter Weise. Ebenfalls verwundert war ich darüber, wie wenig Gebrauch viele intelligente Menschen von ihren Sinnesorganen machen.

Wieder andere leben in einer merkwürdigen Bewußtseinsverfassung, so, als ob der Zustand, den man einmal erreicht hat, endgültig sei und als ob die Welt und die Psyche sich nicht verändern könnten. Diese Leute scheinen keinerlei Phantasie zu haben und verlassen sich ausschließlich auf ihre Sinneswahrnehmungen. Zufälle existieren nicht in ihrer Welt, und im «Heute» gibt es kein wirkliches «Morgen». Die Zukunft ist einfach die Wiederholung der Vergangenheit.

Ich versuche hiermit, dem Leser einen kurzen Einblick zu geben in meine ersten Eindrücke bei der Beobachtung vieler Menschen, mit denen ich zusammentraf. Ich stellte fest, daß es Leute gibt, die hauptsächlich ihre intellektuelle Fähigkeit benutzen, um sich ihrer Umgebung anzupassen – die also *dachten*. Andere gleichermaßen intelligente Leute suchten und fanden ihren Weg dadurch, daß sie *fühlten*.

«Gefühl» ist ein Ausdruck, der der Erläuterung bedarf. Man spricht zum Beispiel von «Gefühl» im Sinne von «Empfindung» (entsprechend dem französischen «sentiment»). Ebenso kann das Wort für eine Intuition verwendet werden. Oder im Sinn einer Meinung: «Ich habe das Gefühl, daß ...»

Wenn ich das Wort «Gefühl» im Gegensatz zu «Denken» gebrauche, beziehe ich mich auf ein Werturteil, zum Beispiel angenehm oder unangenehm, gut oder böse usw. Nach dieser Definition ist Gefühl keine Emotion (die ja unwillkürlich kommt), sondern eine *rationale*, das heißt ordnende Funktion wie das Denken, wogegen die Intuition eine *irrationale*, wahrnehmende Funktion ist. Intuition als «Ahnung» ist nicht das Produkt eines willkürlichen Aktes, sondern ein unwillkürliches Geschehen, das von inneren und äußeren Umständen abhängt. Intuition ist eher wie eine Sinneswahrnehmung, die insofern auch ein irrationales Geschehen darstellt, als sie wesentlich von objektiven Reizen abhängt, die ihr Vorhandensein physikalischen, nicht geistigen Ursachen verdanken.

Die Hilfsmittel, durch die das Bewußtsein seine Orientierung in der Wirklichkeit erhält, sind also vier Funktionen. Die *Empfindung* (das heißt Sinneswahrnehmung) sagt, daß etwas existiert; das *Denken* sagt, was es ist; das *Gefühl* sagt, ob es angenehm oder unangenehm ist; und die *Intuition* sagt, woher es kommt und wohin es geht.

Natürlich sind diese vier Kennzeichen für menschliche Verhaltenstypen nur vier Gesichtspunkte unter vielen anderen (wie

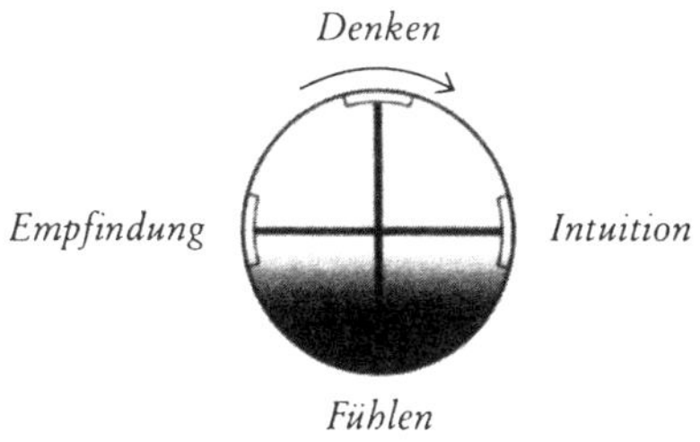


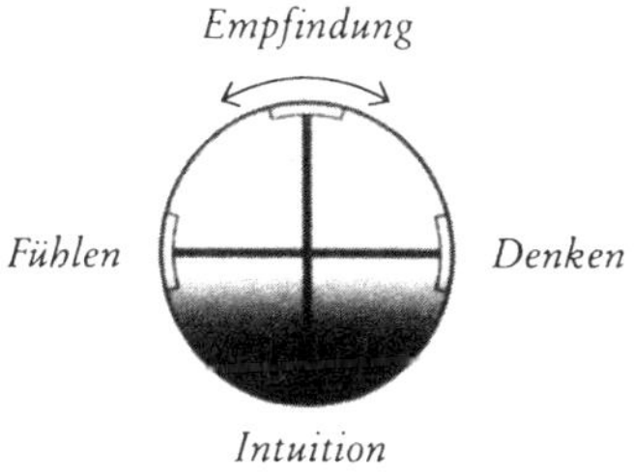


*Der «Kreis» oder «Kompaß» der Psyche ist eine andere Art Jungscher Menschenbetrachtung. Jeder Punkt des Kreises hat sein Gegenstück: Für einen «Denk»-Typus würde die «Gefühls»-Seite die am wenigsten entwickelte sein. («Fühlen» bedeutet hier die Wertfunktion – in dem Sinne wie man sagt: «Ich habe das Gefühl, daß dies gut ist», ohne daß man dabei analysiert, warum es so sein mag.) Natürlich überschneiden sich die Funktionen in jedem einzelnen: Bei einem «Empfindungs»-Menschen kann die Denk- oder die Gefühlsseite nahezu ebenso stark sein (und die «Intuition» wäre am schwächsten).*

etwa Willenskraft, Temperament, Vorstellungsgabe, Gedächtnis usw.). Sie sind keineswegs absolut zu nehmen, aber ihre einfache Natur empfiehlt sie als Kennzeichen für eine Klassifizierung. Ich finde sie besonders hilfreich, wenn ich Kindern ihre Eltern, Ehefrauen ihre Gatten erklären soll und vice versa. Auch zum Verständnis der eigenen Vorurteile sind diese Kennzeichen nützlich.

Wenn man also den Traum eines anderen Menschen verstehen will, muß man seine eigenen Voreingenommenheiten opfern. Das ist gar nicht einfach, sondern bedeutet eine moralische Anstrengung. Aber wenn der Analytiker sich nicht die Mühe gibt, seinen eigenen Standpunkt kritisch zu beleuchten und dessen Relativität zuzugeben, dann wird er weder die richtige Information über den Gemütszustand seines Patienten noch einen genügend tiefen Einblick in dessen Wesen erhalten. Vom Patienten wird die Bereitschaft erwartet, die Ansicht des Analytikers anzuhören und ernst zu nehmen; der Patient muß dasselbe vom Arzt erwarten können. Eine solche Beziehung ist unerläßlich; dabei kommt es aber immer mehr darauf an, daß der Patient etwas wirklich versteht, als darauf, daß der Analytiker gewisse theoretische Erwartungen erfüllt sieht. Der Widerstand des Patienten gegen eine Interpretation des Analytikers muß nicht unbedingt falsch sein; er ist sogar ein sicheres Zeichen dafür, daß dem Patienten etwas nicht «einleuchtet». Entweder hat der Patient dann den Punkt noch nicht erreicht, wo er etwas verstehen kann, oder die Deutung war nicht richtig.

In unseren Bemühungen, die Traumsymbole anderer Menschen zu interpretieren, werden wir häufig von unserer Tendenz behindert, die unvermeidbaren Verständnislücken mit unseren Projektionen zu füllen – das heißt, wir nehmen an, die Wahrnehmungen und Folgerungen des Analytikers seien mit denen des Träumers identisch. Um diese Irrtumsquelle auszuschließen, habe ich immer darauf bestanden, engen Kontakt mit dem Traumzusammenhang zu halten und alle theoretischen Mutmaßungen über Träume im allgemeinen möglichst auszuschalten – außer der Hypothese, daß Träume einen bestimmten Sinn enthalten.

Aus allem, was ich gesagt habe, wird klar geworden sein, daß man für die Deutung von Träumen keine allgemeingültigen Regeln aufstellen kann. Als ich erwähnte, daß die Gesamtfunktion von Träumen darin zu bestehen scheine, gewisse Mängel und Deformationen im Bewußtsein zu kompensieren, wollte ich damit sagen, diese Vermutung eröffne einen äußerst vielversprechenden Zugang zur Natur besonderer Träume. In einigen Fällen läßt sich diese Funktion eindeutig nachweisen.

Einer meiner Patienten hatte eine sehr hohe Meinung von sich und merkte nicht, daß fast alle seine Bekannten durch diese Überheblichkeit verärgert waren. Er träumte einmal von einem betrunkenen Landstreicher, der in einen Graben rollte – ein Anblick, zu dem er nur den herablassenden Kommentar gab: «Scheußlich, wie tief ein Mensch fallen kann.» Dieser Traum unternahm mit dem unangenehmen Bild deutlich den Versuch, dem Träumer eine weniger aufgeblasene Meinung über die eigenen Verdienste nahezulegen. Gleichzeitig kam noch etwas anderes heraus: Der Mann hatte einen Bruder, der ein heruntergekommener Alkoholiker war. Wie der Traum enthüllte, kompensierte der Patient seinen Bruder innerlich und äußerlich durch seine überhebliche Haltung.

In einem anderen Fall träumte eine Frau, die sehr stolz auf ihre psychologischen Kenntnisse war, immer wieder von einer anderen Frau. Als sie dieser tatsächlich begegnete, mochte sie sie ganz und gar nicht und hielt sie für eine eitle, unehrliche, intrigante Person. Aber in den Träumen erschien ihr diese Frau fast wie eine Schwester, freundlich und liebenswert. Meine Patientin konnte nicht begreifen, warum sie so günstig von einer Person träumte, die sie in Wirklichkeit nicht ausstehen konnte. Doch die Träume wollten ihr zu verstehen geben, daß sie selbst «überschattet» war von einem unbewußten Wesen, das der anderen Frau glich. Es war schwer für meine Patientin, die sich sehr genau zu kennen glaubte, einzusehen, daß der Traum ihr von ihrem eigenen Machtkomplex berichtete und von verborgenen Motivationen – unbewußten Einflüssen, die mehr als einmal zu heftigen Streitereien mit ihren Freundinnen geführt hatten. Immer hatte sie anderen dafür die Schuld gegeben, nie sich selbst.

Es ist nicht nur die «Schatten»-Seite unserer Persönlichkeit, die wir übersehen, mißachten und unterdrücken. Dasselbe tun wir oft auch mit unseren positiven Qualitäten. Hierzu kommt mir das Beispiel eines Mannes in den Sinn, der sehr bescheiden und zurückhaltend schien und gewinnende Manieren hatte. Er war offenbar immer mit einem der hinteren Plätze zufrieden, bestand allerdings diskret darauf, stets dabei zu sein. Wenn man ihn etwas fragte, zeigte er sich gut informiert, ohne seine Meinung anderen aufzudrängen. Manchmal jedoch deutete er an, ein bestimmtes Thema sollte besser auf einer höheren Ebene behandelt werden (obgleich er sich darüber nie deutlicher ausdrückte).

In seinen Träumen hatte er ständig Begegnungen mit bedeutenden historischen Persönlichkeiten, wie etwa Napoleon und Alexander dem Großen. Diese Träume kompensierten ganz offensichtlich einen Minderwertigkeitskomplex. Aber sie hatten noch einen anderen Sinn. Was für ein Mensch muß ich sein, fragte der Traum, wenn ich so berühmte Besucher habe? Die Träume wiesen auf einen heimlichen Größenwahn hin, der das Minderwertigkeitsgefühl des Träumers erzeugte. Diese unbewußte Vorstellung von eigener Größe isolierte ihn von der Realität seiner Umgebung und erlaubte ihm, Verpflichtungen fernzubleiben, die für andere obligatorisch waren. Er hielt es nicht für nötig, zu beweisen – weder sich selbst noch anderen –, daß sein erhabenes Verhalten tatsächlich auf besonders hohen Verdiensten beruhte.

Er spielte unbewußt ein gefährliches Spiel, und die Träume versuchten auf eine merkwürdig doppelsinnige Weise, ihm dies zum Bewußtsein zu bringen. Mit Napoleon und Alexander auf vertrautem Fuß zu stehen, ist genau die Art von Phantasie, die von einem Minderwertigkeitskomplex produziert wird. Aber warum, fragt man sich, konnte der Traum nicht offen und direkt aussprechen, was er meinte?

Man hat mich dies oft gefragt, und ich selbst habe mir diese Frage auch gestellt. Oft bin ich überrascht darüber, wie Träume einer definitiven Information auszuweichen scheinen und den entscheidenden Punkt offenbar auslassen. Freud vermutete das Vorhandensein einer speziellen Funktion der Psyche, die er «Zensur» nannte. Diese, so nahm er an, verdrehte die Traumbilder und machte sie unkenntlich und irreführend, um das träumende Bewußtsein über den tatsächlichen Gegenstand des Traumes zu täuschen. Indem sie den kritischen Gedanken vor dem Träumer verbarg, schützte sie seinen Schlaf und bewahrte ihn vor dem Schock einer unangenehmen Erinnerung. In bezug auf die Theorie, der Traum sei ein Hüter des Schlafes, bin ich allerdings skeptisch, denn ebenso oft stören Träume den Schlaf.

Es sieht eher so aus, als ob das allmähliche Bewußtwerden eine «auslöschende» Wirkung auf die unbewußten Inhalte der Psyche hätte. Der Zustand der Unbewußtheit hält Ideen und Bilder auf einem viel tieferen Spannungsniveau, als das im Bewußtsein der Fall wäre. Sie verlieren dabei an Klarheit und Schärfe; ihre Beziehungen untereinander erscheinen weniger folgerichtig, eher als vage Analogien, weniger rational und deshalb «unverständlicher». Dies kann man in allen traumähnlichen Zuständen beobachten, ob diese nun durch Übermüdung, Fieber oder Toxine eingetreten sind. Wenn aber irgend etwas diese Bilder mit stärkerer Spannung lädt, werden sie weniger unbewußt und bekommen, je mehr sie sich der Bewußtseinsschwelle nähern, schärfere Konturen.

Hieraus mag man ersehen, warum Träume sich oft als Analogien ausdrücken, warum ein Traumbild in ein anderes hinübergleitet und warum weder Logik noch zeitliche Maßstäbe unseres wachen Lebens zu passen scheinen. Die Form, welche die Träume annehmen, ist dem Unbewußten angemessen, denn der Stoff, aus dem sie gemacht werden, hat unter der Bewußtseinsschwelle eben diese Gestalt. Träume bewahren den Schlaf nicht vor dem, was Freud den «unvereinbaren Wunsch» genannt hat. Was er als «Verkleidung» bezeichnet hat, ist in Wirklichkeit die Form, die alle Impulse im Unbewußten natürlicherweise annehmen. Ein Traum *kann* also keinen deutlichen Gedanken hervorbringen. Sobald er anfängt, das zu tun, hört er auf, ein Traum zu sein, denn er überschreitet dann die Schwelle des Bewußtseins. Deshalb scheinen Träume die dem Bewußtsein wichtigen Punkte zu überspringen und eher den «Rand des Bewußtseinsfeldes» darzustellen, wie der schwache Schein der Sterne während einer totalen Sonnenfinsternis.

Wir müssen verstehen, daß Traumsymbole zum größten Teil Manifestationen einer Psyche sind, die sich der Kontrollmöglichkeit des bewußten Verstandes entzieht. Sinn und Zweckmäßigkeit sind keine Vorrechte des Bewußtseins; sie sind überall in der lebendigen Natur zu finden. Zwischen organischem und psychischem Wachstum besteht kein prinzipieller Unterschied. Wie eine Pflanze ihre Blüte hervorbringt, so erschafft die Psyche ihre Symbole. Jeder Traum ist ein Beweis für diesen Vorgang.

Durch Träume (sowie alle Arten von Intuitionen, Impulsen und andere spontane Vorgänge) beeinflussen instinktive Kräfte die Tätigkeit des Bewußtseins. Ob dieser Einfluß positiv oder negativ ist, hängt von dem jeweiligen Inhalt des Unbewußten ab. Enthält es zu viele Dinge, die normalerweise bewußt sein sollten, dann kann seine Tätigkeit nachteilig wirken; es erscheinen Motive, die nicht auf wirklichen Instinkten beruhen, sondern die ihre Existenz und psychische Wichtigkeit der Tatsache verdanken, daß sie durch Unterdrückung oder Nichtbeachtung unbewußt geworden sind. Sie überlagern gleichsam die normale unbewußte Psyche und beeinträchtigen deren natürliche Tendenz, grundlegende Symbole und Motive auszudrücken. Für einen Analytiker, der sich ja mit den Ursachen einer geistigen Störung beschäftigt, ist es daher sinnvoll, von seinem Patienten ein mehr oder weniger freiwilliges Bekenntnis zu erlangen, welche Dinge dieser nicht mag oder wovor er Angst hat.

Diese Handlungsweise ähnelt der Beichte in der Kirche, die in mancher Hinsicht moderne psychologische Techniken vorweggenommen hat. Allerdings kann es in der Praxis auch vorkommen, daß übermächtige Minderwertigkeitskomplexe oder ernsthafte Schwäche und Unentschlossenheit des Charakters es einem Patienten sehr schwierig, wenn nicht sogar unmöglich machen, mit seiner eigenen Unzulänglichkeit direkt konfrontiert zu werden. Deshalb habe ich es oft vorteilhafter gefunden, dem Patienten zu Anfang positive Aussichten zu geben; dadurch hat er ein Gefühl der Sicherheit, das ihm hilft, wenn er zu schmerzlichen Erkenntnissen kommt.

Nehmen wir zum Beispiel einen Traum von «Selbsterhöhung», in welchem jemand mit der Königin von England Tee trinkt oder sich auf vertrautem Fuße mit dem Papst befindet. Wenn der Träumer nicht schizophren ist, hängt die praktische Deutung des Symbols von seinem gegenwärtigen Geisteszustand ab – das heißt von dem Zustand seines Ego. Überschätzt der Träumer seinen eigenen Wert, so kann man leicht (an Hand des Materials, das durch die Assoziationen von Ideen geliefert wird) zeigen, wie unangebracht und kindisch die Vorstellungen des Träumers sind und wie sehr sie von kindlichen Wünschen herrühren, den Eltern gleich oder überlegen zu sein. Handelt es sich dagegen um einen Fall von Minderwertigkeit, wo ein alles durchdringendes Gefühl der eigenen Wertlosigkeit schon jeden positiven Aspekt in der Persönlichkeit des Träumers erstickt hat, dann wäre es ganz falsch, ihn noch mehr niederzudrücken, indem man ihm klarmacht, wie infantil, lächerlich oder verdreht er ist. Das würde sein Minderwertigkeitsgefühl grausam steigern und noch dazu einen unwillkommenen und ganz unnötigen Widerstand gegen die Behandlung hervorrufen.

Es gibt keine psychotherapeutische Technik oder Lehre, die man allgemein anwenden könnte, denn jeder Fall, den man zur Behandlung bekommt, ist ganz individuell und hat spezielle Bedingungen. Ich erinnere mich an einen Patienten, den ich neun Jahre lang behandeln mußte. Ich sah ihn immer nur während einiger Wochen im Jahr, da er im Ausland wohnte. Von Anfang an wußte ich, wo seine Schwierigkeiten steckten, aber ich merkte auch, daß der geringste Versuch, an die Wahrheit heranzukommen, auf eine heftige Abwehrreaktion traf, die einen völligen Bruch zwischen uns herbeizuführen drohte. Ob ich wollte oder nicht, ich mußte mein Bestes tun, unsere Beziehung aufrechtzuerhalten und seiner Abweichung zu folgen, die durch seine Träume unterstützt wurde und unsere Besprechung von der Wurzel seiner Neurose wegführte. Wir entfernten uns so weit davon, daß ich mich oft selbst anklagte, meinen Patienten in die Irre zu leiten. Nur die Tatsache, daß sich sein Zustand langsam besserte, hielt mich davon ab, ihm brutal die Wahrheit zu sagen.

Im zehnten Jahr schließlich erklärte sich der Patient für geheilt und von allen neurotischen Symptomen befreit. Ich war erstaunt, denn theoretisch gesehen war sein Zustand unheilbar. Als er meine Verwunderung bemerkte, sagte er lächelnd: «Ich möchte Ihnen vor allem für Ihren Takt und für Ihre unerschöpfliche Geduld danken, daß Sie mir geholfen haben, die peinliche Ursache meiner Neurose zu umgehen. Jetzt bin ich soweit, Ihnen alles darüber erzählen zu können. Wenn ich es vorher gekonnt hätte, dann hätte ich Ihnen schon bei unserer ersten Zusammenkunft alles gesagt. Das aber hätte meine Beziehung zu Ihnen zerstört, und wo wäre ich dann geblieben? Im Laufe von zehn Jahren habe ich gelernt, Ihnen zu vertrauen; und in dem Maße, wie mein Vertrauen wuchs, besserte sich auch mein Zustand. Ich gewann in diesem langsamen Prozeß mein Selbstvertrauen zurück. Nun bin ich stark genug, das Problem zu besprechen, das mich krank gemacht hat.»

Er bekannte mir dann auf sehr offenherzige Weise sein Problem, das mir die Gründe dafür zeigte, warum die Behandlung einen so eigenartigen Verlauf hatte nehmen müssen. Der ursprüngliche Schock war so stark gewesen, daß der Patient ihn nicht allein hatte ertragen können. Er brauchte die Hilfe eines anderen Menschen, und die therapeutische Aufgabe war das langsame Errichten eines Vertrauensverhältnisses, das wichtiger war als die Demonstration einer klinischen Theorie.

Von derartigen Fällen lernte ich, meine Methoden den Bedürfnissen meiner Patienten anzupassen und mich nicht so sehr allgemeinen theoretischen Betrachtungen hinzugeben, die möglicherweise auf einen speziellen Fall gar nicht anwendbar waren. Meine während einer sechzigjährigen praktischen Erfahrung gesammelten Kenntnisse über die menschliche Natur haben mich gelehrt, jeden Fall als einen neuen zu betrachten und mich zunächst immer um eine individuelle Annäherung zu bemühen. Manchmal habe ich nicht gezögert, mich in ein gründliches Studium infantiler Geschehnisse und Phantasien zu vertiefen; dann wieder habe ich von oben angefangen, auch wenn das vielleicht bedeutete, daß ich auf entlegene metaphysische Spekulationen eingehen mußte. Alles kommt darauf an, die Sprache des einzelnen Patienten zu lernen und dessen Unbewußtem auf seinem tastenden Weg zum Licht zu folgen. Einige Fälle erfordern eben diese, andere wiederum jene Methode des Vorgehens.

Das gilt besonders für die Deutung von Symbolen. Zwei verschiedene Personen können fast genau den gleichen Traum haben. Wenn aber zum Beispiel der eine jung und der andere alt ist, so sind auch ihre Probleme verschieden, und es wäre absurd, beide Träume auf die selbe Weise zu interpretieren.

Mir kommt als Beispiel ein Traum in den Sinn, in dem eine

Gruppe junger Männer über ein weites Feld reitet. Der Träumer reitet an der Spitze und überspringt einen Wassergraben, während die anderen hineinstürzen. Der junge Mann, der mir den Traum erzählte, war ein vorsichtiger, introvertierter Typ. Ich hörte diesen Traum aber auch von einem alten Mann mit mutigem Wesen, der ein aktives und unternehmendes Leben geführt hatte. Zu der Zeit, als er diesen Traum hatte, war er krank und bereitete dem Arzt und der Krankenschwester viel Mühe, weil er ihren Anweisungen nicht folgte.

Es war klar, daß der Traum dem jungen Mann ermutigend sagte, was er tun *sollte*, dem alten Mann aber klarmachte, was er immer noch *tat* und was ihm Schwierigkeiten bereitete. Dieses Beispiel zeigt, wie weitgehend die Traumdeutung von der persönlichen Situation des einzelnen abhängt.

# Der Archetyp in der Traumsymbolik

Wie ich schon gesagt habe, dienen Träume dem Zweck der Kompensation. Sie sind ein normales psychisches Geschehen, das unbewußte Reaktionen oder spontane Impulse ins Bewußtsein überträgt. Viele Träume können mit Hilfe des Träumers gedeutet werden, der durch seine Assoziationen den Kontext des Traumbildes anreichern und beleuchten hilft.

Diese Methode ist normalerweise immer dann am Platze, wenn etwa ein Verwandter, ein Freund oder ein Patient einen Traum im Laufe einer Unterhaltung erzählt. Handelt es sich aber um quälende oder stark emotionelle Träume, dann genügen oft die Assoziationen des Träumers für eine zufriedenstellende Interpretation nicht. In solchen Fällen müssen wir die Tatsache in Betracht ziehen (die zuerst von Freud beobachtet und kommentiert wurde), daß häufig Elemente im Traum auftauchen, die nicht aus der persönlichen Erfahrung des Träumers abgeleitet werden können. Diese Elemente, die Freud als «archaische Überreste» bezeichnet hat, sind geistige Formen, die dem menschlichen Geist offenbar angeboren sind.

Wie der menschliche Körper ein ganzes Museum von Organen darstellt, von denen jedes eine lange Entwicklungsgeschichte hinter sich hat, so können wir auch erwarten, daß unser Geist in ähnlicher Weise organisiert ist. Er kann ebensowenig wie der Körper, in dem er existiert, ein Produkt ohne Geschichte sein. Mit «Geschichte» meine ich nicht die bewußte Beziehung unseres Geistes auf seine Vergangenheit in Sprache und anderen kulturellen Traditionen. Ich meine die biologische, prähistorische, unbewußte Entwicklung des Geistes im archaischen Menschen, dessen Psyche der des Tieres noch sehr ähnlich war.

Diese unermeßlich alte Psyche bildet die Grundlage unseres Geistes, so wie die Struktur unseres Körpers auf dem allgemeinen anatomischen Muster des Säugetieres beruht. Das geübte Auge des Anatomen oder des Biologen findet in unserem Körper viele Spuren dieses ursprünglichen Musters. Der erfahrene Erforscher der Seele erkennt in ähnlicher Weise die Analogien zwischen den Traumbildern des modernen Menschen und den Erzeugnissen des primitiven Geistes, seinen «kollektiven Bildern» und seinen mythologischen Motiven.

Ebenso wie der Biologe die Wissenschaft der vergleichenden Anatomie benötigt, kommt der Psychologe nicht ohne eine «vergleichende Anatomie der Psyche» aus. Der Psychologe muß nicht nur über ausreichende Erfahrung mit Träumen und anderen Produkten unbewußter Tätigkeit, sondern auch über mythologisches Wissen verfügen. Ohne dieses Rüstzeug kann er wichtige Analogien nicht erkennen, wie etwa die zwischen einem Fall von Zwangsneurose und dem einer klassischen dämonischen Besessenheit.

Meine Ansichten über die «archaischen Überreste», die ich «Archetypen» oder «Urbilder» nenne, sind immer wieder von Leuten kritisiert worden, die keine genügende Kenntnis der Traumpsychologie und der Mythologie haben. Der Ausdruck «Archetyp» wird oft als bestimmtes mythologisches Bild oder Motiv mißverstanden. Aber solche Bilder sind nur bewußte Darstellungen; es wäre absurd, anzunehmen, solche variablen Bilder könnten vererbt werden.

Der Archetyp ist vielmehr eine angeborene Tendenz, solche bewußten Motivbilder zu formen – Darstellungen, die im Detail sehr voneinander abweichen können, ohne jedoch ihre Grundstruktur aufzugeben. Es gibt zum Beispiel viele verschiedene

Darstellungen des Motivs der feindlichen Brüder, das Grundmuster aber bleibt dasselbe. Meine Kritiker haben fälschlicherweise angenommen, ich meine «ererbte Vorstellungen», und haben auf Grund dessen die Idee des Archetyps abgelehnt. Dabei haben sie die Tatsache außer acht gelassen, daß wir die Archetypen ja ohne weiteres verstehen müßten, wenn sie bewußte Vorstellungen wären (oder bewußt erworben); wir sind aber meistens verwirrt und erstaunt, wenn sie in unserem Bewußtsein auftauchen. Tatsächlich sind sie eine instinktive Neigung, wie etwa der Impuls bei Vögeln, Nester zu bauen, oder bei Ameisen, organisierte Kolonien zu bilden.

Hier muß ich die Beziehung zwischen Instinkten und Archetypen erläutern: Was wir Instinkte nennen, sind physiologische Impulse, die mit den Sinnen «außen» wahrgenommen werden. Gleichzeitig aber erscheinen sie auch «innen» in Phantasien und verraten ihre Gegenwart oft durch symbolische Bilder. Diese «inneren» Erscheinungen sind es, die ich als Archetypen bezeichne. Ihren Ursprung kennt man nicht; sie tauchen jederzeit auf, überall in der Welt.

Viele Menschen haben mich aufgesucht, weil sie mit ihren eigenen Träumen oder mit denen ihrer Kinder nichts anzufangen wußten; sie verstanden die Sprache ihrer Träume nicht. Etliche dieser Patienten waren sehr gebildete Leute, einige waren auch selbst Psychiater.

Ich erinnere mich deutlich an einen Professor, der ganz plötzlich eine Vision gehabt hatte und sich deshalb für geisteskrank hielt. In panischem Schrecken kam er zu mir. Ich nahm einfach ein vierhundert Jahre altes Buch vom Gestell und zeigte ihm einen Holzschnitt, auf dem die gleiche Vision abgebildet war, die er auch gehabt hatte. «Sie brauchen sich nicht für geisteskrank zu halten», sagte ich zu ihm. «Schon vor vierhundert Jahren hat man Ihre Vision gekannt.» Woraufhin er sich völlig erschöpft, aber wieder ganz normal, auf einen Stuhl sinken ließ.

Einen sehr wichtigen Fall brachte mir ein Mann, der selber Psychiater war. Er zeigte mir eines Tages ein handgeschriebenes Büchlein, das er zu Weihnachten von seiner zehnjährigen Tochter geschenkt bekommen hatte. Es enthielt eine ganze Serie von Träumen, die das Mädchen im Alter von acht Jahren gehabt hatte, und war die merkwürdigste Traumserie, die ich je gesehen habe. Obgleich kindlich, waren sie doch unheimlich und enthielten Bilder, deren Ursprung dem Vater völlig unbegreiflich war. Dies waren die Motive:

1. «Das böse Tier», ein schlangenähnliches Ungeheuer mit vielen Hörnern, tötet und verschlingt alle anderen Tiere. Aber Gott kommt, in Gestalt von vier einzelnen Göttern, aus den vier Ecken und gibt den toten Tieren das Leben wieder.
2. Eine Auffahrt in den Himmel, wo heidnische Tänze zelebriert werden; und ein Abstieg in die Hölle, wo Engel gute Taten tun.
3. Eine Schar kleiner Tiere ängstigt die Träumerin. Die Tiere werden ungeheuer groß, und eins von ihnen verschlingt das kleine Mädchen.
4. Eine kleine Maus wird von Würmern, Schlangen, Fischen und Menschen durchdrungen. Dadurch wird die Maus menschlich. Dies schildert die vier Stadien des Ursprungs der Menschheit.
5. Man sieht einen Wassertropfen, wie er erscheint, wenn man ihn durch ein Mikroskop betrachtet. Das Mädchen sieht, daß der Tropfen voller Zweige ist. Dies illustriert den Ursprung der Welt.
6. Ein ungezogener Junge bewirft alle Leute, die an ihm vorbeigehen, mit kleinen Erdklumpen. Dadurch werden alle Vorübergehenden schlecht.
7. Eine betrunkene Frau fällt ins Wasser und kommt erneuert und nüchtern wieder heraus.

8. Die Szene spielt in Amerika, wo viele Leute auf einem Ameisenhaufen rollen, wobei sie von den Ameisen angegriffen werden. Die Träumerin fällt in panischer Angst in einen Fluß.
9. Auf dem Mond gibt es eine Wüste, und die Träumerin sinkt so tief in den Boden, daß sie in die Hölle gerät.
10. In diesem Traum hat das Mädchen eine Vision von einem leuchtenden Ball. Sie berührt ihn. Dämpfe steigen von ihm auf. Ein Mann kommt und tötet sie.
11. Das Mädchen träumt, es sei gefährlich krank. Plötzlich kommen Vögel aus ihrer Haut und bedecken sie vollständig.
12. Mückenschwärme verdunkeln die Sonne, den Mond und alle Sterne, bis auf einen. Dieser eine Stern fällt auf die Träumerin.

In dem ungekürzten Originaltext beginnt jeder Traum mit den einleitenden Worten der Märchen: «Es war einmal ...» Mit diesen Worten deutet die kleine Träumerin an, jeder Traum solle eine Art Märchen darstellen, das sie ihrem Vater als Weihnachtsgeschenk erzählen möchte. Der Vater versuchte, die Träume innerhalb ihres Zusammenhanges zu deuten. Er konnte es aber nicht, weil keine persönlichen Anknüpfungspunkte vorhanden zu sein schienen.

Die Möglichkeit, daß diese Träume bewußt erfunden waren, konnte nur von jemandem ausgeschaltet werden, der das Kind gut genug kannte, um von dessen Ehrlichkeit überzeugt sein zu können. (Die Träume würden allerdings selbst dann, wenn es Phantasien gewesen wären, erheblichen Anreiz zur Untersuchung gegeben haben.) In diesem Fall war der Vater von der Echtheit der Träume überzeugt, und ich habe keinen Grund, das zu bezweifeln. Ich selbst kannte zwar das kleine Mädchen, doch bevor es dem Vater die Träume gab, so daß ich keine Gelegenheit hatte, es darüber zu befragen. Es wohnte im Ausland und starb, etwa ein Jahr nach diesem Weihnachtsfest, an einer Infektionskrankheit.

Die Träume sind außerordentlich merkwürdig. Die Leitgedanken sind philosophischer Natur. Der erste Traum zum Beispiel spricht von einem bösen Tier, das andere Tiere tötet; aber Gott gibt ihnen allen durch eine göttliche *Apokatastasis* oder Wiederherstellung das Leben zurück. In der westlichen Welt ist dies eine durch die christliche Tradition bekannte Vorstellung. Man findet sie in der Apostelgeschichte 3,21: «(Christus), den der Himmel aufnehmen muß bis zu den Zeiten der Herstellung alles dessen ...» Die frühen griechischen Kirchenväter (zum Beispiel Origenes) bestanden insbesondere auf der Vorstellung, daß am Ende der Zeiten durch den Erlöser alles wieder zu seinem ursprünglichen und vollkommenen Zustand zurückgeführt wird. Aber gemäß Matthäus 17,11 gab es bereits eine alte jüdische Überlieferung, «Elias soll zwar kommen und wird alles herstellen». Der erste Korintherbrief 15,22 bezieht sich auf dieselbe Vorstellung: «Denn wie in Adam alle sterben, so werden in Christus auch alle lebendig gemacht werden.»

Man könnte annehmen, das Kind hätte diesen Gedanken durch seine religiöse Erziehung kennengelernt. Aber es hatte einen ganz unbedeutenden religiösen Hintergrund. Die Eltern waren zwar dem Namen nach Protestanten; aber in Wirklichkeit kannten sie die Bibel nur vom Hörensagen. Daß man dem Mädchen das kaum bekannte Bild der Apokatastasis erklärt hatte, ist besonders unwahrscheinlich. Ganz sicher hatte der Vater von dieser mystischen Vorstellung überhaupt nie gehört.

Neun der zwölf Träume haben das Thema der Zerstörung und Wiederherstellung. Und keiner dieser Träume zeigt Spuren spezifisch christlicher Erziehung oder Einflüsse. Sie sind im Gegenteil sogar enger mit primitiven Mythen verbunden. Diese Verbindung wird bestätigt durch das Motiv des «kosmogonischen Mythus» (die Erschaffung der Welt und des Menschen), das im vierten und fünften Traum erscheint. Dieselbe Verbindung findet sich im ersten Korintherbrief 15,22, den ich gerade zitiert habe. Auch in diesem Abschnitt sind Adam und Christus (Tod und Auferstehung) miteinander verbunden.

Die allgemeine Vorstellung von Christus dem Erlöser gehört zu dem weltweiten vorchristlichen Thema des Helden und Retters, der zwar vom Ungeheuer verschlungen wird, aber auf wunderbare Weise wieder erscheint, nachdem er das Ungeheuer, das ihn verschluckt hatte, überwältigt hat. Niemand weiß, woher dieses Motiv ursprünglich kommt und wann es aufgetaucht ist. Wir wissen nicht einmal, wie wir es herausfinden könnten. Gewiß ist nur, daß jede Generation es offenbar als Überlieferung aus alten Zeiten kennt. Wahrscheinlich entstammt es einer Zeit, als der Mensch noch nicht wußte, daß er einen Heldenmythus besaß, das heißt einem Zeitalter, als er noch nicht bewußt über das nachdachte, was er sagte. Die Heldenfigur ist ein Archetyp, der seit unvordenklichen Zeiten existiert.

Die Erzeugung von Archetypen bei Kindern ist besonders bezeichnend, weil Kinder meist keinen direkten Zugang zu historischen Überlieferungen haben. In diesem Fall war der Kontakt mit der christlichen Tradition nur sehr oberflächlich. Christliche Themen können natürlich durch Vorstellungen wie Gott, Engel, Himmel, Hölle und das Böse, den Teufel, dargestellt werden. Aber die Art und Weise, wie sie von den Träumen dieses Kindes behandelt wurden, deutet auf einen ganz und gar nichtchristlichen Ursprung hin.

Betrachten wir also den ersten Traum von Gott, der in Wirklichkeit aus vier Göttern besteht, die aus den «vier Ecken» kommen. Aus welchen vier Ecken? Im Traum ist von keinem Zimmer die Rede. Und ein Zimmer würde auch nicht in das Bild hineinpassen, da es sich ja offensichtlich um ein kosmisches Geschehen handelt, in welches das Allumfassende Wesen selber eingreift. Die Quaternität (oder das Element der «Vierheit») selbst ist eine seltsame Idee, die aber in vielen Religionen und Philosophien eine große Rolle spielt. In der christlichen Religion wurde sie durch die Trinität ersetzt, ein Begriff, den das Kind wahrscheinlich gekannt hat. Aber wer in einer gewöhnlichen Familie des heutigen Mittelstandes weiß wohl etwas von einer göttlichen Quaternität? Die Idee war der hermetischen Philosophie des Mittelalters ziemlich vertraut, sie erschöpfte sich aber zu Beginn des 18. Jahrhunderts und ist seit mindestens zweihundert Jahren völlig außer Gebrauch. Woher hatte sie aber dann das kleine Mädchen? Von Ezechiels Vision? Aber es gibt keinen christlichen Lehrsatz, der die Seraphim mit Gott identifiziert.

Dieselbe Frage kann man bei der gehörnten Schlange stellen. In der Bibel gibt es zwar viele gehörnte Tiere, zum Beispiel in der Offenbarung des Johannes. Aber bei diesen scheint es sich um Vierfüßer zu handeln, wenn auch ihr Oberherr der Drache ist, dessen griechischer Name (drakon) ebenfalls Schlange bedeutet. Die gehörnte Schlange erscheint in der lateinischen Alchimie des 16. Jahrhunderts als quadricornutus serpens (vierhörnige Schlange), ein Symbol des Merkur und ein Widersacher der Heiligen Dreifaltigkeit. Aber soweit ich feststellen kann, ist dieser Hinweis nur bei einem einzigen Autor zu finden; und dieses Kind hatte keine Möglichkeit, ihn zu kennen.

Im zweiten Traum erscheint ein Motiv, das bestimmt nichtchristlich ist und eine Umkehrung anerkannter Werte enthält, zum Beispiel heidnische Tänze im Himmel und gute Taten der Engel in der Hölle. Dieses Symbol deutet die Relativität moralischer Werte an. Wo fand das Kind eine so revolutionäre Vorstellung?

Diese Fragen führen uns zu einer neuen: Welche kompensatorische Bedeutung haben diese Träume, denen das kleine Mädchen doch so viel Wichtigkeit beimaß, daß es sie seinem Vater zu Weihnachten schenkte?

Wäre der Träumer ein primitiver Medizinmann gewesen, so

hätte man annehmen können, die Träume veranschaulichten Variationen der philosophischen Motive Tod, Auferstehung oder Wiederherstellung, Ursprung der Welt, Erschaffung des Menschen und Relativität der Werte. Aber solche Träume sind hoffnungslos schwierig, wenn man sie von einer persönlichen Ebene aus zu deuten versucht. Sie enthalten zweifellos «kollektive Bilder» und sind in gewisser Weise den Lehren analog, die man in primitiven Stämmen den jungen Leuten vor ihrer Initiation beibringt. In dieser Zeit erzählt man ihnen von den Taten der Götter oder der Tierschöpfer; sie lernen, wie die Welt und die Menschheit erschaffen wurde, daß das Weltende einmal kommen wird und was der Tod bedeutet. In christlichen Gemeinschaften werden junge Leute auf ähnliche Weise belehrt. Aber die meisten Menschen denken erst wieder über diese Dinge nach, wenn sie alt sind und sich dem Tod nähern.

Das kleine Mädchen war zufälligerweise in beiden Situationen gleichzeitig. Sie näherte sich der Pubertät und zugleich dem Lebensende. Wenig oder gar nichts deutet auf den Beginn eines normalen Erwachsenenlebens hin, aber es gibt viele Anspielungen auf Zerstörung und Erneuerung. Als ich die Träume zuerst las, hatte ich tatsächlich das Gefühl, daß sie ein nahendes Unglück ankündigten. Der Grund dafür war der eigentümliche Kompensationscharakter, den ich aus der Symbolik herleitete. Es war das Gegenteil von dem, was man im Bewußtsein eines Mädchens in diesem Alter erwarten würde.

Diese Träume eröffnen einen neuen und ziemlich erschreckenden Aspekt von Leben und Tod. Man würde erwarten, solche Bilder bei einem älteren Menschen zu finden, der auf sein Leben zurückblickt, aber kaum bei einem Kind, das ja normalerweise nach vorn sieht. Die Atmosphäre erinnert eher an das alte römische Sprichwort: «Das Leben ist ein kurzer Traum», als an die Freude und den Überschwang des Frühlings. Denn das Leben des Kindes war wie ein *«ver sacrum vovendum»* (das Gelübde eines Frühlingsopfers), wie der römische Dichter es ausdrückt. Die Erfahrung zeigt, daß die unerkannte Nähe des Todes eine *adumbratio* (einen vorwegnehmenden Schatten) auf das Leben und die Träume des Opfers wirft. Sogar der Altar in christlichen Kirchen stellt einerseits ein Grab und andererseits einen Ort der Auferstehung dar, den Übergang vom Tod zum ewigen Leben.

Das waren die Ideen, die die Träume dem Kind eingaben. Sie waren eine Vorbereitung auf den Tod, in Form von kurzen Geschichten, wie die Erzählungen bei primitiven Initiationen oder die Koans des Zen-Buddhismus. Diese Botschaft ist der streng christlichen Lehre unähnlich, sie steht alten primitiven Gedanken näher. Sie scheint ihren Ursprung außerhalb geschichtlicher Traditionen in jenen längst vergessenen psychischen Quellen zu haben, die seit prähistorischen Zeiten philosophische und religiöse Spekulationen über Leben und Tod genährt haben.

Wie die Instinkte, von denen wir ja nicht annehmen, jedes neugeborene Tier müsse sie sich individuell wieder erwerben, so gibt es auch kollektive Vorstellungsmuster, die dem menschlichen Geist angeboren und vererbt sind. Auch die emotionalen Erscheinungen, zu denen solche Vorstellungsmuster gehören, sind überall auf der Erde die gleichen. Wir können sie sogar bei Tieren feststellen, und die Tiere selbst verstehen einander in dieser Hinsicht, auch wenn sie zu verschiedenen Gattungen gehören. Und die Insekten mit ihren komplizierten Funktionen? Die meisten von ihnen kennen nicht einmal ihre Eltern und haben niemanden, der sie belehrt. Sollte man also annehmen, der Mensch sei das einzige lebende Wesen, dem spezifische Instinkte fehlen und dessen Psyche keinerlei Spuren ihrer Entwicklung trüge?

Setzt man allerdings die Psyche mit dem Bewußtsein gleich, dann verfällt man leicht dem Irrtum, der Mensch komme mit einer leeren Psyche auf die Welt, und in späteren Jahren enthielte diese nicht mehr, als was sie durch individuelle Erfahrung gelernt hat. Aber die Psyche ist mehr als das Bewußtsein. Tiere haben wenig Bewußtsein, aber viele Impulse und Reaktionen lassen bei ihnen auf die Existenz einer Psyche schließen; und Primitive tun viele Dinge, deren Bedeutung sie bewußt gar nicht kennen. Man wird viele zivilisierte Leute vergeblich danach fragen, woher eigentlich der Weihnachtsbaum oder das Osterei kämen und was sie bedeuten. Auch sie tun noch gewisse Dinge, ohne zu wissen warum. Ich neige zu der Ansicht, daß solche Dinge zunächst nur getan worden sind, und erst sehr viel später hat man nach ihrem Sinn gefragt. Der Psychologe sieht sich ständig Menschen gegenüber, die sonst intelligent sind, sich aber zeitweise völlig unerklärlich benehmen und keine Ahnung von dem haben, was sie sagen oder tun. Sie sind plötzlich unvernünftigen Impulsen unterworfen, für die sie selbst keine Erklärung haben.

Oberflächlich gesehen scheinen solche Reaktionen und Impulse ganz persönlicher Natur zu sein. Deshalb tun wir sie als abnormes Verhalten ab. Tatsächlich aber beruhen sie auf einem vorgeformten und immer bereiten Instinktsystem, das für den Menschen charakteristisch ist. Gedankenformen, allgemeinverständliche Gesten und viele andere Haltungen folgen einem Muster, das angeordnet wurde, lange bevor der Mensch ein reflektierendes Bewußtsein entwickelte.

Man kann sich sogar vorstellen, daß die frühen Ursprünge menschlicher Reflexionsfähigkeit die Folgen starker emotionaler Erlebnisse sind. Man stelle sich jenen Buschmann vor, der in einem Augenblick des Ärgers und der Enttäuschung über einen mißlungenen Fischzug seinen einzigen Sohn erwürgte und gleich darauf von tiefstem Kummer ergriffen den toten kleinen Jungen im Arm hielt. Ein solcher Mensch wird diesen Moment des Schmerzes für immer im Gedächtnis behalten.

Wir wissen nicht, ob diese Art von Erfahrungen die Ursache für die menschliche Bewußtseinsentwicklung gewesen ist. Aber zweifellos ist oft ein ähnlich starker emotionaler Schock notwendig, um Menschen zu wecken und darauf aufmerksam zu machen, was sie tun. Berühmt ist der Fall eines spanischen Edelmannes aus dem 13. Jahrhundert, Ramón Lull, der endlich nach langer Bemühung die Dame, die er bewunderte, bei einem heimlichen Rendezvous traf. Sie öffnete schweigend ihr Kleid und zeigte ihm ihre Brust, die von Krebs zerfressen war. Der Schock änderte Lulls Leben; er wurde später ein hervorragender Theologe und einer der bedeutendsten Missionare der Kirche. Im Falle eines solchen plötzlichen Wechsels erweist sich oft, daß ein Archetyp schon lange Zeit im Unbewußten gewirkt hat und geschickt die Umstände arrangiert, die dann zur Krise führen.

Solche Erfahrungen scheinen zu zeigen, daß archetypische Formen nicht bloß statische Muster sind, sondern dynamische Faktoren, die sich ebenso spontan wie die Instinkte in Impulsen äußern. Träume, Visionen, Gedanken können ganz plötzlich erscheinen; und wie sorgfältig man auch nachforschen mag, man findet ihre Ursache nicht. Aber zweifelsohne gibt es eine Ursache; nur ist sie so weit entfernt und so dunkel, daß man sie nicht erkennt. In solchem Fall muß man entweder warten, bis man die Bedeutung hinreichend versteht oder bis ein äußeres Ereignis den Traum erklärt.

Zum Zeitpunkt des Traumes kann dieses Ereignis noch in der Zukunft liegen. Aber genauso wie unsere bewußten Gedanken sich oft mit der Zukunft und ihren Möglichkeiten beschäftigen, so tun es auch das Unbewußte und seine Träume. Man hat lange allgemein angenommen, die Hauptfunktion von Träumen sei die Voraussage der Zukunft. Im Altertum und bis ins Mittelalter hinein spielten Träume bei der medizinischen Prognose eine Rolle. Mit einem modernen Traum kann ich das Element der Prognose bestätigen, das sich in einem alten Traum findet, den Artemidorus von Daldis im 2. Jahrhundert v. Chr. zitiert: Ein Mann träumte, er sähe seinen Vater in den Flammen eines brennenden Hauses sterben. Nicht lange danach starb er selber an *Phlegmone* (Feuer, oder hohes Fieber), die, wie ich annehme, Lungenentzündung war.

Einer meiner Kollegen litt unter einem tödlichen Brandfieber – einer *Phlegmone*. Einer seiner früheren Patienten, der nichts über die Art der Krankheit seines Arztes wußte, träumte, der Arzt käme bei einem großen Brand ums Leben. Zu der Zeit war der Arzt gerade ins Krankenhaus gekommen, die Krankheit hatte erst begonnen. Der Träumer wußte nichts als die bloße Tatsache, daß sein Arzt krank und im Krankenhaus war. Drei Wochen später starb der Arzt.

Wie dieses Beispiel zeigt, können Träume einen prognostischen Aspekt haben, den man bei der Deutung in Betracht ziehen muß, besonders dann, wenn ein offenbar bedeutsamer Traum keinen hinreichend erklärenden Kontext liefert. So ein Traum kommt oft wie aus heiterem Himmel, und man fragt sich, was ihn wohl verursacht hat. Wenn man seine versteckte Botschaft kennen würde, wäre natürlich auch die Ursache klar. Denn es ist nur unser Bewußtsein, das noch nicht weiß; das Unbewußte scheint bereits informiert zu sein, und seine Schlußfolgerung ist im Traum ausgedrückt. Das Unbewußte ist also offensichtlich in der Lage, genau wie das Bewußtsein, Tatsachen zu untersuchen und Schlüsse daraus zu ziehen. Es kann gewisse Fakten benutzen und deren mögliche Resultate vorwegnehmen, gerade weil wir ihrer *nicht* bewußt sind. Aber soweit man an Hand von Träumen feststellen kann, stellt das Unbewußte seine Überlegungen instinktiv an. Diese Unterscheidung ist wichtig. Logische Analyse ist das Vorrecht des Bewußtseins; wir wählen mit Vernunft und Wissen aus. Das Unbewußte scheint jedoch hauptsächlich von instinktiven Neigungen geleitet zu werden, die durch entsprechende Gedankenformen dargestellt sind – das heißt durch die Archetypen. Ein Arzt, der den Verlauf einer Krankheit beschreiben soll, wird so rationale Begriffe wie «Infektion» oder «Fieber» benutzen. Der Traum ist poetischer. Er stellt den kranken Körper als das Haus eines Menschen dar und das Fieber als Feuer, welches das Haus zerstört.

Wie der obige Traum zeigt, hat der archetypische Geist die Situation auf dieselbe Weise behandelt, wie er es zur Zeit des Artemidorus getan hatte. Etwas mehr oder weniger Unbekanntes wird vom Unbewußten aufgegriffen und einer archetypischen Verarbeitung unterworfen. An Stelle einer Schlußfolgerung, wie sie das Bewußtsein angewendet haben würde, hat der archetypische Geist eine Voraussage gegeben. Die Archetypen haben also eine eigene Initiative und ihre eigene spezifische Energie. Diese Kräfte ermöglichen es ihnen, sowohl eine sinnvolle Interpretation (in ihrem eigenen symbolischen Stil) zu geben als auch mit ihren eigenen Impulsen sich in eine gegebene Situation einzuschalten. In dieser Hinsicht fungieren sie wie Komplexe; sie kommen und gehen, wie es ihnen gefällt, und oft behindern oder verändern sie unsere bewußten Pläne auf verwirrende Weise.

Die spezifische Energie der Archetypen kann man wahrnehmen, wenn man die besondere Faszination erlebt, die sie begleitet. Archetypen scheinen einen besonderen Zauber auszuüben. Eine derartige Eigenschaft zeichnet auch die persönlichen Komplexe aus; und ebenso wie diese ihre Geschichte haben, so auch die kollektiven Komplexe archetypischer Prägung. Aber während persönliche Komplexe nie mehr als einen persönlichen Standpunkt produzieren, schaffen Archetypen Mythen, Religionen und Philosophien, die ganze Nationen und geschichtliche Epochen charakterisieren. Wir betrachten die persönlichen Komplexe als Kompensationen für einseitige oder falsche Bewußtseinseinstellungen; ähnlich können Mythen religiöser Natur interpretiert werden als eine Art geistiger Therapie für die Leiden und Ängste der Menschheit – Hunger, Krieg, Krankheit, Alter, Tod.

Der universale Heldenmythos zum Beispiel bezieht sich immer auf einen mächtigen Menschen oder Gottmenschen, der das Böse in Gestalt von Drachen, Schlangen, Ungeheuern, Dämonen und so weiter besiegt und der sein Volk aus Zerstörung und Tod befreit. Die Erzählung oder rituelle Wiederholung von heiligen Texten und Zeremonien und die Verehrung einer solchen Heldenfigur durch Tänze, Musik, Hymnen, Gebete und Opfer ergreifen die Hörerschaft wie magischer Zauber und erheben den einzelnen zur Identifikation mit dem Helden.

Wenn wir eine solche Situation mit den Augen des Gläubigen zu sehen versuchen, können wir vielleicht verstehen, wie der gewöhnliche Mensch von seiner Ohnmacht und seinem Elend befreit werden und (wenigstens zeitweise) mit fast übermenschlichen Eigenschaften ausgestattet werden kann. Oft genug wird eine solche Überzeugung ihn lange Zeit aufrecht halten und seinem Leben eine gewisse Form geben. Sie kann sogar fur eine ganze Gesellschaftsordnung maßgebend sein. Ein bemerkenswertes Beispiel dafür findet sich in den Eleusinischen Mysterien, die erst zu Beginn des 7. Jahrhunderts der christlichen Zeit unterdrückt wurden. Sie enthielten, zusammen mit dem delphischen Orakel, das Wesen und den Geist des alten Griechenland. In viel größerem Masse verdankt die christliche Ära ihren Namen und ihre Bedeutung dem antiken Mysterium des Gottmenschen, das seine Wurzeln im archetypischen Osiris-Horus-Mythos des alten Ägypten hat.

Es wird gewöhnlich vermutet, ein geschickter Philosoph oder Prophet habe in prähistorischen Zeiten die grundlegenden mythologischen Ideen «erfunden», die später von einem leichtgläubigen und unkritischen Volk «geglaubt» worden wären. Man sagt auch, die Geschichten, die eine machthungrige Priesterschaft erzähle, seien nicht «wahr», sondern bloßes «Wunschdenken». Aber das Wort «erfinden» bedeutet ja «finden», also etwas auffinden, was man sucht. Dies deutet also auf eine gewisse Vorkenntnis dessen hin, was man dann findet.

Kehren wir wieder zu den seltsamen Träumen des kleinen Mädchens zurück. Es ist unwahrscheinlich, daß es sich die Ideen ausgedacht hat, denn es war ja erstaunt, sie zu finden. Sie fielen ihm eher wie eigenartige, unerwartete Geschichten ein, die merkwürdig genug schienen, um sie dem Vater als Weihnachtsgeschenk zu geben. Indem die kleine Träumerin das aber tat, hob sie die Träume hinauf in die Sphäre unseres immer noch lebendigen christlichen Mysteriums – die Geburt unseres Herrn, verflochten mit dem Geheimnis des immergrünen Baumes, der das neugeborene Licht trägt. (Dies bezieht sich auf den fünften Traum.)

Obgleich es reichliches historisches Beweismaterial für eine symbolische Beziehung zwischen Christus und dem Baumsymbol gibt, wären die Eltern des kleinen Mädchens sicher in großer Verlegenheit gewesen, hätte man sie gefragt, was es bedeute, wenn sie zur Feier der Geburt Christi einen Baum mit brennenden Kerzen schmückten. «Ach, das ist so ein christlicher Brauch», hätten sie wahrscheinlich geantwortet. Eine tiefer gehende Antwort würde eine weitreichende Abhandlung über die antike Symbolik des sterbenden Gottes und deren Beziehung zum Kult der Großen Mutter und ihrem Symbol, dem Baum, erfordern – um nur einen Aspekt dieses komplizierten Problems zu erwähnen.

Je näher wir die Wurzel eines «kollektiven Bildes» (oder in der Kirchensprache ausgedrückt: eines Dogmas) untersuchen, desto deutlicher sehen wir ein scheinbar endloses Gewebe von archetypischen Mustern, die erst in neuerer Zeit Gegenstand bewußter Reflexion geworden sind. Wir wissen also heute paradoxerweise mehr über mythologische Symbolik als irgendeine Generation vor uns. In früheren Zeiten dachten die Menschen kaum über ihre Symbole nach; sie lebten sie und wurden unbewußt von ihrem Gehalt angeregt.

Ich möchte dies durch eine Erfahrung veranschaulichen, die

ich einmal bei den Eingeborenen von Mount Elgon in Afrika gemacht habe. Jeden Morgen in der Dämmerung verlassen sie ihre Hütten und hauchen oder spucken in ihre Hände, die sie dann den ersten Sonnenstrahlen entgegenstrecken, als ob sie ihren Atem oder ihren Speichel dem aufgehenden Gott darbringen wollten – dem *mungu*. (Dieses Suaheli-Wort, das sie zur Erklärung des rituellen Akts benutzten, ist abgeleitet von einer polynesischen Wurzel, einem Äquivalent zu *mana* oder *mulungu*. Diese und ähnliche Ausdrücke bezeichnen eine «Macht» von außerordentlicher Wirksamkeit und Kraft, die wir göttlich nennen würden. Das Wort *mungu* ist also ein Äquivalent für Allah oder Gott.) Als ich sie nach dem Sinn dieser Handlung fragte, konnten sie mir nur sagen: «Wir haben es immer getan. Immer wenn die Sonne aufgeht, hat man es getan.» Sie lachten über die naheliegende Folgerung, die Sonne sei *mungu*. Die Sonne ist auch tatsächlich nicht *mungu*, wenn sie über dem Horizont steht; *mungu* ist der Moment des Sonnenaufgangs.

Was die Eingeborenen taten, war mir klar, ihnen selbst aber nicht; sie taten etwas, ohne über dessen Sinn nachzudenken, und konnten es infolgedessen auch nicht erklären. Ich vermutete, daß sie ihre Seelen dem *mungu* darbrachten, denn der Atem (des Lebens) und der Speichel bedeuten «Seelensubstanz». Etwas anhauchen oder anspucken hat eine «magische» Wirkung; Christus zum Beispiel nahm Speichel, um den Blinden zu heilen; oder ein Sohn atmet (bei gewissen Stämmen) den letzten Lebenshauch des Vaters ein, um die Seele des Vaters in sich aufzunehmen. Es ist sehr unwahrscheinlich, daß diese Afrikaner jemals, selbst in ferner Vergangenheit, mehr über die Bedeutung ihrer Zeremonie gewußt haben. Wahrscheinlich waren ihre Ahnen ihrer Motive auch zutiefst unbewußt und dachten noch weniger über ihre Handlungen nach.

Goethes Faust sagt treffend: «Im Anfang war die Tat.» «Taten» wurden nie erfunden, sie wurden getan; Gedanken sind dagegen eine verhältnismäßig späte Entdeckung des Menschen. Zuerst wurde er von unbewußten Faktoren zu Taten getrieben; erst lange Zeit später begann er über die Beweggründe nachzudenken; und es bedurfte schon einer sehr langen Zeitspanne, um ihn auf die lächerliche Idee zu bringen, er hätte von sich aus gehandelt – sein Geist war außerstande, irgendeine andere treibende Kraft als sich selbst zu erkennen.

Wir würden über die Vorstellung lachen, eine Pflanze oder ein Tier hätten sich selbst erfunden; doch gibt es viele Menschen, die glauben, die Psyche oder ihr Geist hätten sich selber erschaffen. Der Geist ist von Natur in seinen gegenwärtigen Bewußtseinszustand hineingewachsen, so wie eine Eichel zu einem Eichbaum wird oder wie Saurier sich zu Säugetieren entwickelt haben. Er hat sich in einer langen Zeit entwickelt und entwickelt sich immer noch weiter; wir werden darum auch von inneren Kräften, nicht nur von äußeren Reizen bewegt.

Diese inneren Antriebe entspringen einer Quelle, die nicht der Kontrolle des Bewußtseins unterliegt. In der Mythologie früherer Zeiten wurden diese Kräfte als Geister, Dämonen oder Götter bezeichnet. Sie sind heute so tätig wie eh und je, obwohl wir keinesfalls zugeben wollen, wir seien abhängig von «Mächten», die sich unserer Kontrolle entziehen.

Allerdings hat sich der Mensch in neuerer Zeit ein gewisses Quantum Willenskraft erworben, die er beliebig anwenden kann. Er braucht sich nicht mehr durch Singen und Trommeln hypnotisch in Arbeitsstimmung versetzen zu lassen. Er kann sogar auf ein tägliches Gebet um göttliche Hilfe verzichten, wogegen der Primitive auf Schritt und Tritt durch Aberglauben, Furcht und andere unsichtbare Widerstände behindert scheint. Das Motto «Wo ein Wille ist, ist auch ein Weg» zeigt den Aberglauben des modernen Menschen.

Die Götter und Dämonen des heutigen Menschen haben nur neue Namen bekommen; sie sind nicht etwa verschwunden, sondern sie halten ihn in Atem mit Rastlosigkeit, psychischen Komplikationen, einem unstillbaren Bedürfnis nach Pillen, Alkohol, Tabak – und vor allem: einer großen Zahl von Neurosen.

# Die menschliche Seele

Das, was wir heute als Bewußtsein bezeichnen, hat sich erst allmählich von den Instinkten getrennt. Aber diese Instinkte sind nicht ganz verschwunden. Sie haben nur den Kontakt mit unserem Bewußtsein verloren und sind daher gezwungen, sich auf indirektem Wege zu behaupten. Das kann im Falle einer Neurose durch körperliche Symptome geschehen oder durch unerklärliche Launen, Vergeßlichkeit oder sprachliche Fehlleistungen.

Der Mensch glaubt zwar, er sei Herr über seine Seele. Aber solange er unfähig ist, seine Stimmungen und Emotionen zu beherrschen, und solange er nicht erkennt, daß sich unbewußte Faktoren auf unzähligen geheimen Wegen in seine Entscheidungen hineindrängen, so lange ist er ganz sicher nicht Herr seiner selbst. Diese unbewußten Faktoren verdanken ihre Existenz der Autonomie der Archetypen. Der moderne Mensch schützt sich systematisch davor, seinen eigenen zwiespältigen Zustand sehen zu müssen. Bestimmte Bezirke des äußeren Lebens und seines eigenen Verhaltens werden gleichsam in getrennten Schubladen aufbewahrt und nie miteinander zusammengebracht.

Ich erinnere mich an den Fall eines Alkoholikers, der unter den löblichen Einfluß einer gewissen religiösen Bewegung gekommen war, die ihn so faszinierte, daß er seine Trunksucht völlig vergaß. Er war augenscheinlich und auf wunderbare Weise von Jesus geheilt worden und damit ein geeigneter Zeuge für die göttliche Gnade und die Wirksamkeit der besagten religiösen Organisation. Aber nach einigen Wochen öffentlicher Bekenntnisse begann sein Enthusiasmus nachzulassen; eine kleine alkoholische Erfrischung schien ihm angebracht, und so fing er wieder an zu trinken. Diesmal kam die Organisation zu dem Schluß, der Fall sei «pathologisch» und offensichtlich für das Eingreifen Jesu ungeeignet. Der Mann wurde daher in eine Klinik gebracht, damit ihn diesmal ein menschlicher Arzt behandeln könnte.

Dies ist ein Aspekt des modernen «kulturellen» Geistes, der einer näheren Betrachtung wert ist. Er zeigt einen alarmierenden Grad von Dissoziiertheit und psychologischer Verwirrung.

Betrachten wir einmal die Menschheit als ein einziges Individuum, so sehen wir, daß sie genau wie der einzelne von unbewußten Mächten beeinflußt wird; und auch die Menschheit hält gern bestimmte Probleme in besonderen Schubladen verborgen. Aber gerade deshalb sollten wir uns sehr genau überlegen, was wir tun, denn wir alle sind heute von selbstgeschaffenen tödlichen Gefahren bedroht, die sich unserer Kontrolle allmählich entziehen. Unsere Welt ist dissoziiert wie ein neurotischer Mensch, wobei der Eiserne Vorhang die symbolische Trennungslinie bildet. Der westliche Mensch sieht sich angesichts des östlichen, aggressiven Machtwillens gezwungen, außerordentliche Verteidigungsmaßnahmen zu ergreifen; gleichzeitig brüstet er sich mit seiner Tugend und seinen guten Absichten.

Er bemerkt jedoch nicht, daß ihm seine eigenen Laster, die er mit guten internationalen Manieren verdeckt hat, von der kommunistischen Welt systematisch wieder zu Gesicht gebracht werden. Was der Westen toleriert hat, wenn auch nur insgeheim und etwas verschämt (die diplomatische Lüge, systematische Täuschung, verhüllte Drohungen), kommt im Osten ganz offen ans Licht; dem westlichen Menschen grinst von der anderen Seite des Eisernen Vorhangs sein eigener böser Schatten entgegen.

Diese Sachlage erklärt das Gefühl der Hilflosigkeit bei so vielen Menschen in westlichen Gesellschaften. Sie haben angefangen zu begreifen, daß unsere Schwierigkeiten moralischer Art sind und wir sie nicht durch eine Anhäufung nuklearer Waffen und durch wirtschaftlichen «Wettbewerb» lösen können. Viele von uns verstehen heute, daß moralische und geistige Mittel wirksamer wären, weil diese uns gegen die immer mehr zunehmende Infektion immun machen könnten.

Aber alle derartigen Versuche haben sich bisher als untauglich erwiesen und werden es bleiben, solange wir uns selbst und der Welt einzureden versuchen, nur *sie* (das heißt unsere Gegner) seien im Unrecht. Es wäre viel sinnvoller, einen wirklich ernsthaften Versuch zu unternehmen, unseren eigenen Schatten und seine üblen Taten zu erkennen. Wenn wir unseren Schatten (die dunkle Seite unseres Wesens) sehen könnten, wären wir immun gegen jede moralische und geistige Anfechtung. Wie die Dinge jetzt liegen, sind wir jeder Ansteckung ausgesetzt, weil wir praktisch genau das gleiche tun wie sie. Nur haben wir noch den zusätzlichen Nachteil, daß wir weder sehen noch verstehen wollen, was wir selber unter dem Deckmantel des guten Benehmens tun.

Die kommunistische Welt besitzt einen großen Mythos (den wir eine Illusion nennen, in der vagen Hoffnung, unser überlegenes Urteil würde ihn zum Verschwinden bringen). Es ist der alte, archetypische Traum von einem Goldenen Zeitalter oder Paradies, wo alles für alle im Überfluß vorhanden ist und ein großer, gerechter und weiser Herrscher einen menschlichen Kindergarten regiert. Dieser mächtige Archetyp hat sie in einer infantilen Form ergriffen, aber er wird nicht beim bloßen Anblick unseres überlegenen Standpunktes verschwinden. Wir unterstützen ihn sogar noch durch unsere eigene Kindlichkeit, denn unsere westliche Welt befindet sich im Griff derselben Mythologie. Unbewußt hegen wir genau die gleichen Vorurteile, Hoffnungen und Erwartungen. Auch wir glauben an den Wohlfahrtsstaat, an einen Weltfrieden, an die Gleichheit aller Menschen, an Menschenrechte, an Gerechtigkeit, Wahrheit und (sagen wir es lieber nicht zu laut) an das Reich Gottes auf Erden.

Traurige Wahrheit ist, daß das Leben des Menschen aus einem Komplex unerbittlicher Gegensätze besteht – Tag und Nacht, Geburt und Tod, Glück und Unglück, Gut und Böse. Wir sind nicht einmal sicher, ob eins über das andere die Oberhand gewinnen wird, ob das Gute das Böse oder die Freude den Schmerz besiegen. Das Leben ist und bleibt ein Schlachtfeld; wenn dem nicht so wäre, würde nichts mehr existieren können.

Eben dieser Konflikt war es, der die frühen Christen ein baldiges Ende dieser Welt erhoffen ließ oder die Buddhisten dazu veranlaßte, allen irdischen Wünschen und Begierden zu entsagen. Diese Reaktionen wären glatter Selbstmord, wenn sie nicht mit besonderen geistigen und moralischen Vorstellungen und Praktiken verknüpft wären, die einen großen Teil beider Religionen ausmachen und bis zu einem gewissen Grade ihre radikale Weltverneinung mildern.

Ich betone das, weil es in unserer Zeit Millionen Menschen gibt, die ihr Vertrauen zu jeder Art von Religion verloren haben; sie verstehen ihre Religion nicht mehr. Wenn das Leben ohne Religion ungestört weiterläuft, bleibt der Verlust so gut wie unbemerkt. Leidet man aber, dann beginnt man einen Ausweg zu suchen und über den Sinn des Lebens und seine verwirrenden und schmerzlichen Erfahrungen nachzudenken.

Es ist bezeichnend, daß der Psychologe (nach meiner Erfahrung) häufiger von Juden und Protestanten als von Katholiken aufgesucht wird. Das ist zu erwarten, denn die katholische Kirche fühlt sich immer noch verantwortlich für die *cura animarum* (Sorge um das Seelenheil). Aber in unserem wissenschaftlichen Zeitalter stellt man dem Psychiater die Fragen, die früher in den Bereich des Theologen gehörten. Die Menschen spüren, es würde vieles leichter sein, wenn sie nur an den Sinn des Lebens, an Gott und an die Unsterblichkeit glauben könnten. Das Gespenst des nahenden Todes gibt häufig Anlaß zu solchen Überlegungen.

Da wir Gottes himmlischen Thron nicht durch ein Radioteleskop entdecken können und auch nicht sicher sind, ob die geliebten Eltern immer noch in mehr oder weniger körperlicher Form sich in unserer Nähe aufhalten, glauben die Leute, solche Vorstellungen seien unsinnig. Doch haben Konzeptionen dieser Art seit prähistorischen Zeiten das Leben der Menschen begleitet und dringen auch heute noch bei vielen Gelegenheiten wieder ins Bewußtsein.

Der moderne Mensch wird vielleicht erklären, er komme ohne sie aus, und vielleicht beharrt er darauf, es gebe keinen wissenschaftlichen Beweis für ihre Wahrheit. Oder er bedauert sogar den Verlust seiner Überzeugungen. Wir haben es aber mit unsichtbaren und unerkennbaren Dingen zu tun; Gott geht über menschliches Begreifen hinaus, und auch Unsterblichkeit läßt sich nicht beweisen. Warum sollten wir uns solcher Anschauungen berauben, die sich in Krisenzeiten als hilfreich erweisen und unserm Dasein einen Sinn geben?

Und woher wissen wir, daß solche Ideen nicht wahr sind? Viele Menschen würden mit mir übereinstimmen, wenn ich einfach behauptete, solche Vorstellungen seien höchstwahrscheinlich Illusionen. Was sie sich dabei aber nicht klarmachen, ist, daß die Ablehnung ebenso unmöglich zu «beweisen» ist wie die Behauptung eines religiösen Standpunktes.

Es gibt jedoch einen triftigen empirischen Grund, weshalb wir Gedanken, die nicht bewiesen werden können, doch kultivieren sollten. Sie haben sich nämlich als heilsam erwiesen. Der Mensch braucht unbedingt Vorstellungen und Überzeugungen, die seinem Leben einen Sinn geben und ihn in die Lage versetzen, für sich einen Platz im Universum zu finden. Er kann die unglaublichsten Leiden ertragen, wenn er davon überzeugt ist, daß sie einen Sinn haben.

Religiöse Symbole geben dem menschlichen Leben eine Bedeutung. Die Pueblo-Indianer zum Beispiel halten sich für Söhne von Vater Sonne, und dieser Glaube gibt ihrem Leben eine

Perspektive, die weit über ihre begrenzte Existenz hinausgeht. Er gibt ihnen Weite für die Entfaltung ihrer Persönlichkeit. Ihre Lage ist weitaus befriedigender als die eines Menschen unserer eigenen Zivilisation, der weiß, er ist und wird einer der «Unteren» bleiben, und sein Leben ist bedeutungslos.

Das Gefühl einer tieferen Bedeutung des eigenen Lebens hebt einen Menschen über das bloße Nehmen und Geben hinaus. Hat man dieses Gefühl nicht, dann ist man elend und verloren. Wäre der heilige Paulus überzeugt davon gewesen, er sei nur ein umherziehender Teppichweber, so wäre er gewiß nicht der Mann gewesen, der er war. Sein bedeutungsvolles Leben beruhte auf der inneren Gewißheit, ein Gesandter Gottes zu sein. Man hätte ihn des Größenwahns bezichtigen können, aber solch eine Meinung verblaßt vor dem Zeugnis der Geschichte und dem Urteil nachfolgender Generationen. Der Mythos, der von ihm Besitz ergriffen hatte, gab seinem Leben eine außergewöhnliche Tragweite.

Ein solcher Mythos besteht jedoch aus Symbolen, die nicht erfunden worden, sondern die geschehen sind. Es war nicht der Mensch Jesus, der den Mythos des Gottmenschen schuf. Dieser existierte schon viele Jahre vor Christi Geburt. Er selber wurde von diesem symbolischen Motiv gepackt, das ihn, wie der heilige Markus uns berichtet, aus dem beschränkten Leben des Nazarener Zimmermannes heraushob.

Mythen gehen zurück auf den primitiven Geschichtenerzähler und seine Träume zurück zu Menschen, die von ihren erregenden Phantasien bewegt wurden. Diese Menschen unterschieden sich nicht sehr von jenen, die spätere Generationen als Dichter oder Philosophen bezeichnet haben. Primitive Geschichtenerzähler kümmerten sich nicht um den Ursprung ihrer Phantasien; erst viel später begannen die Menschen darüber nachzudenken, woher eine Geschichte gekommen war. Doch vor Jahrhunderten war, im antiken Griechenland, der Verstand der Menschen schon soweit fortgeschritten, daß die Göttergeschichten für archaische Überlieferungen von lange begrabenen Königen oder Stammeshäuptlingen gehalten wurden. Man war bereits der Ansicht, der Mythos sei zu unwahrscheinlich, um das zu bedeuten, was er aussagte; deshalb versuchte man, ihn auf eine allgemeinverständliche Form zu reduzieren.

In neuerer Zeit haben wir erlebt, wie das gleiche mit der Traumsymbolik geschah. In den Jahren, als die Psychologie noch im Kindesalter war, merkten wir, daß Träume eine gewisse Wichtigkeit hatten. Aber ebenso wie die Griechen sich einredeten, ihre Mythen wären bloße Ausarbeitungen der rationalen oder «normalen» Geschichte, so kamen auch einige psychologische Pioniere zu der Auffassung, Träume bedeuteten nicht das, was sie zu bedeuten schienen. Die dargestellten Bilder und Symbole wurden als bizarre Formen, in denen unterdrückte psychische Inhalte dem Bewußtsein erschienen, abgetan.

Wie ich bereits gesagt habe, stimme ich mit dieser Auffassung nicht überein; ich habe mich veranlaßt gefühlt, die Form von Träumen ebenso zu untersuchen wie ihren Inhalt. Warum sollten sie etwas anderes bedeuten, als ihr Inhalt zeigte? Gibt es in der Natur irgend etwas, das anders ist, als es ist? Der Traum ist eine normale, natürliche Erscheinung und bedeutet nichts, was er nicht selbst ist. Der Talmud sagt: «Der Traum ist seine eigene Deutung.» Verwirrung entsteht nur, weil die Trauminhalte symbolisch sind und deshalb mehr als nur eine einzige Bedeutung haben. Die Symbole weisen in eine Richtung, die wir mit dem bewußten Verstand nicht begreifen; sie beziehen sich also auf etwas, das entweder unbewußt oder wenigstens nicht völlig bewußt ist.

Für den wissenschaftlichen Verstand sind solche Erscheinungen ein Ärgernis, weil sie nicht in einer den Intellekt und die Logik befriedigenden Weise formuliert werden können. In der Psychologie stellen sie keineswegs Einzelfälle dar. Schwierig wird es bei dem Phänomen des «Affektes» oder der Emotion, die sich endgültigen Definitionsversuchen der Psychologen entzieht. Die Ursache der Schwierigkeit ist in beiden Fällen dieselbe – die Intervention des Unbewußten.

Ich kenne den naturwissenschaftlichen Standpunkt gut genug, um zu wissen, wie lästig es ist, mit Tatsachen zu tun zu haben, die man nicht völlig begreifen kann. Die Fakten sind unleugbar vorhanden, können aber doch nicht in verstandesmäßigen Ausdrücken formuliert werden. Dazu müßte man imstande sein, das Leben selbst zu begreifen, denn das Leben ist es, das die Emotionen und symbolischen Ideen hervorruft.

Der akademische Psychologe kann das Phänomen der Emotion oder den Begriff des Unbewußten ohne weiteres außer Betracht lassen. Dennoch bleiben es Tatsachen, die zumindest der medizinische Psychologe gebührend beachten muß; denn Gefühlskonflikte und die Intervention des Unbewußten sind die klassischen Gegenstände seiner Wissenschaft. Sobald er einen Patienten behandelt, treten ihm diese Irrationalitäten als harte Tatsachen entgegen, ohne Rücksicht auf seine Fähigkeit, sie verstandesmäßig zu formulieren. Deshalb ist es ganz natürlich, daß Leute, die nicht über die Erfahrungen eines medizinischen Psychologen verfügen, es schwierig finden, dem zu folgen, was geschieht, wenn die Psychologie aufhört, ruhige Forschungsarbeit des Wissenschaftlers in seinem Labor zu sein und aktiv am Abenteuer des wirklichen Lebens teilnimmt. Zielübungen auf einem Schießplatz sind weit vom Schlachtfeld entfernt; der Arzt hat es mit den Opfern eines echten Krieges zu tun. Er muß sich mit psychischen Realitäten beschäftigen, auch wenn er sie nicht in wissenschaftliche Kategorien einordnen kann. Deshalb kann kein Lehrbuch Psychologie wirklich lehren, man lernt nur durch praktische Erfahrung.

Wir sehen diesen Punkt klarer, wenn wir einige bekannte Symbole untersuchen:

Das Kreuz in der christlichen Religion zum Beispiel ist ein bedeutsames Symbol, das viele Aspekte, Ideen und Emotionen ausdrückt; aber ein Kreuz hinter einem Namen auf einer Liste zeigt nur an, daß jemand tot ist. Der Phallus fungiert als ein allumfassendes Symbol in der hinduistischen Religion; aber wenn ein Straßenjunge einen Phallus an eine Mauer zeichnet, so zeigt das bloß sein Interesse an seinem Penis. Da kindliche und jugendliche Phantasien oft bis ins Erwachsenenalter hineinspielen, gibt es viele Träume mit unzweifelhaft sexuellen Andeutungen. Es wäre absurd, sie anders verstehen zu wollen. Wenn ein gebildeter Inder vom Lingam spricht (dem Phallus, der in der hinduistischen Mythologie den Gott Shiva darstellt), so wird man Dinge hören, die ein westlicher Mensch niemals mit dem Penis verbinden würde. Lingam ist gewiß keine obszöne Anspielung; und das Kreuz ist auch nicht nur ein Zeichen des Todes. Es hängt viel von der Reife des Träumers ab, der solch ein Bild produziert.

Die Interpretation von Träumen und Symbolen erfordert Intelligenz. Sie kann nicht in ein mechanisches System verwandelt werden, das man dann in phantasielose Hirne stopft. Sie erfordert sowohl eine wachsende Kenntnis der individuellen Persönlichkeit des Träumers als auch eine zunehmende Selbstkenntnis auf seiten des Interpreten. Niemand, der auf diesem Gebiet Erfahrung besitzt, wird abstreiten, daß es Faustregeln gibt, die manchmal hilfreich sein können; aber diese müssen mit Vorsicht und Intelligenz angewendet werden. Jemand kann alle Regeln richtig anwenden und trotzdem auf einen erschreckenden Unsinn verfallen, einfach deshalb, weil er ein scheinbar unwichtiges Detail übersieht, das eine bessere Intelligenz nicht ausgelassen haben würde. Selbst ein Mensch mit scharfem Verstand kann aus Mangel an Intuition oder Gefühl dabei sehr in die Irre gehen.

Wenn wir Symbole zu verstehen suchen, stehen wir nicht nur dem Symbol selbst, sondern dem ganzen symbolproduzierenden Individuum gegenüber. Dies schließt ein Studium seines kulturellen Hintergrundes mit ein, und bei diesem Prozeß füllt man etliche Lücken in der eigenen Bildung. Ich habe es mir zur Regel gemacht, jeden Fall als eine völlig neue Aufgabe zu betrachten, von der ich nicht einmal das Abc kenne. Routineantworten mögen praktisch und nützlich sein, solange man es mit der Oberfläche zu tun hat. Aber sobald man die vitalen Probleme berührt, tritt das Leben selbst auf den Plan, und damit werden auch die glänzendsten theoretischen Prämissen zu wirkungslosen Worten.

Vorstellungskraft und Intuition sind für ein Verständnis wesentlich. Und obschon man allgemein der Ansicht ist, sie seien hauptsächlich für Dichter und Künstler maßgebend (und man sollte ihnen bei «vernünftigen» Angelegenheiten mißtrauen), sind sie tatsächlich für alle höheren Bereiche der Wissenschaft ebenso wichtig. Hier spielen sie eine bedeutsame Rolle, welche die des «rationalen» Intellekts und seiner Anwendung auf ein spezielles Problem ergänzt. Sogar die Physik, die strengste aller angewandten Wissenschaften, beruht in erstaunlichem Umfang auf Intuition, die auf dem Weg über das Unbewußte tätig ist.

Intuition ist fast unerläßlich bei der Deutung von Symbolen, und sie kann oftmals bewirken, daß diese vom Träumer sofort verstanden werden. Andererseits kann ein solches glückliches Ahnungsvermögen aber auch ziemlich gefährlich werden, da es leicht zu einem falschen Sicherheitsgefühl verleitet. Die feste Grundlage wirklichen Wissens geht verloren, wenn man sich damit zufriedengibt, «ahnungsweise» verstanden zu haben. Erklären und wissen kann man erst, wenn man Intuitionen auf eine exakte Kenntnis der Tatsachen und ihrer logischen Verbindungen zurückgeführt hat.

Ein ehrlicher Forscher wird zugeben, daß er das nicht immer kann. Auch ein Wissenschaftler ist nur ein Mensch, und es ist für ihn genauso natürlich wie für andere Leute, unerklärliche Dinge zu hassen. Unsere heutigen Kenntnisse sind durchaus nicht alles, was wir jemals wissen können. Nichts ist verwundbarer als eine wissenschaftliche Theorie, die ja nur den vergänglichen Versuch darstellt, Tatsachen zu erklären, die aber keine ewige Wahrheit bietet.

# Die Rolle der Symbole

Wenn der medizinische Psychologe sich für Symbole interessiert, so beschäftigen ihn primär die «natürlichen» im Unterschied zu den «kulturellen» Symbolen. Die ersteren leiten sich von den unbewußten Inhalten der Psyche ab und repräsentieren daher eine enorme Anzahl von Variationen der wesentlichen archetypischen Bilder. In vielen Fällen kann man sie noch bis zu ihren archetypischen Wurzeln zurückverfolgen, das heißt auf Ideen und Bilder, die man in ältesten Berichten und in primitiven Gesellschaftsordnungen antrifft. Die kulturellen Symbole andererseits sind solche, die man bewußt verwendet hat, um «ewige Wahrheiten» auszudrücken; sie werden immer noch in vielen Religionen gebraucht. Sie haben viele Umformungen und sogar einen mehr oder weniger bewußten Entwicklungsprozeß erlebt und sind auf diese Weise zu kollektiven Bildern geworden, die man in zivilisierten Gesellschaften anerkennt.

Solche kulturellen Symbole enthalten trotzdem noch viel von ihrer ursprünglichen Numinosität, ihrem «Zauber». Man weiß, daß sie in manchen Menschen eine tiefe Gefühlsreaktion auslösen können, und ihre psychische Ladung läßt sie in ähnlicher Weise wirken wie Vorurteile. Sie sind Faktoren, mit denen der Psychologe rechnen muß; es ist töricht, sie einfach abzutun, nur weil sie, rational betrachtet, bedeutungslos erscheinen. Sie sind wichtige Bestandteile unserer geistigen Struktur und lebenswichtige Kräfte im Aufbau der menschlichen Gesellschaft; sie können nicht ohne ernsten Schaden ausgerottet werden. Wo man sie unterdrückt oder vernachlässigt, da verschwindet ihre spezifische Energie mit unberechenbaren Folgen ins Unbewußte. Die psychische Energie, die auf diese Weise verlorengegangen zu sein scheint, dient in Wirklichkeit dazu, das, was im Unbewußten zuoberst liegt, wieder zu beleben und zu intensivieren – Tendenzen vielleicht, die bis dahin keine Gelegenheit gehabt hatten, sich auszudrücken, oder denen wenigstens eine unbehinderte Existenz in unserem Bewußtsein nicht gestattet war.

Solche Tendenzen bilden einen immer gegenwärtigen und potentiell zerstörerischen «Schatten» unseres Bewußtseins. Selbst Tendenzen, die unter Umständen einen positiven Einfluß ausüben könnten, werden in Dämonen verwandelt, wenn man sie unterdrückt. Deshalb haben viele Leute verständlicherweise Angst vor dem Unbewußten und gleichzeitig vor der Psychologie.

Unsere Zeit hat deutlich gemacht, was es heißt, wenn die Pforten der Unterwelt geöffnet werden. Ereignisse, deren Ungeheuerlichkeit sich niemand in der idyllischen Unschuld des ersten Jahrzehnts unseres Jahrhunderts hätte vorstellen können, sind tatsächlich geschehen und haben unsere Welt auf den Kopf gestellt.

Der moderne Mensch versteht nicht, wie sehr sein «Rationalismus» (der seine Fähigkeit zerstört hat, auf numinose Symbole und Ideen zu reagieren) ihn der psychischen «Unterwelt» preisgegeben hat. Er hat sich selbst vom «Aberglauben» befreit (wenigstens glaubt er das), aber bei diesem Vorgang hat er seine geistigen Werte in einem erschreckend hohen Maß verloren. Seine moralische und geistig-seelische Tradition ist zerfallen, und er zahlt nun den Preis für diese Auflösung mit weltweiter Desorientierung und Zersetzung.

Anthropologen haben oft beschrieben, was passiert, wenn in einer primitiven Gesellschaftsordnung die geistigen Werte dem Ansturm der modernen Zivilisation ausgesetzt werden. Die Menschen verlieren den Glauben an den Sinn ihres Lebens, ihre soziale Ordnung zerfällt, und sie selber gehen moralisch zugrunde. Wir sind heute in der gleichen Lage. Aber wir haben nie richtig verstanden, was wir verloren haben, denn unsere geistigen Führer waren unglücklicherweise mehr daran interessiert, ihre Institutionen zu schützen, als daran, das Geheimnis zu verstehen, welches die Symbole darstellen. Meiner Meinung nach schließt der Glaube nicht das Denken aus (das die stärkste Waffe des Menschen ist); aber leider scheinen manche Gläubige sich so sehr vor der Naturwissenschaft (und vor der Psychologie) zu fürchten, daß sie blind sind gegenüber den numinosen psychischen Mächten, die ewig das Schicksal des Menschen beherrschen. Wir haben alle Dinge ihres Geheimnisses und ihrer Numinosität beraubt; uns ist nichts mehr heilig.

In früheren Zeiten, als instinktive Vorstellungen im Geist des Menschen auftauchten, konnte sein Bewußtsein diese in ein zusammenhängendes psychisches Muster integrieren. Aber der «zivilisierte» Mensch kann das nicht mehr. Sein «fortschrittliches» Bewußtsein hat sich selbst aller Mittel beraubt, durch welche die hilfreichen Beiträge der Instinkte und des Unbewußten assimiliert werden könnten. Organe der Assimilation waren jene numinosen Symbole, die allgemein heiliggehalten wurden.

Heute sprechen wir zum Beispiel von «Materie». Wir beschreiben ihre physikalischen Eigenschaften. Wir führen Laborexperimente durch, um einige ihrer Aspekte zu zeigen. Aber das Wort «Materie» bleibt ein trockener, unmenschlicher und rein intellektueller Begriff, der für uns keine psychische Bedeutung hat. Wie anders war dagegen das frühere Bild der Materie – der Großen Mutter –, welches die tiefe emotionale Bedeutung der Mutter Erde ausdrückte. Auf dieselbe Weise wird das, was der Geist war, heute mit dem Intellekt identifiziert und hört damit auf, der Vater des Weltalls zu sein. Er ist zu den beschränkten Ich-Gedanken des Menschen degeneriert; die unermeßliche emotionale Energie, die in dem Bild «unser Vater» ausgedrückt war, versickert im Sande einer intellektuellen Wüste.

Diese beiden archetypischen Prinzipien liegen den gegensätzlichen Systemen von Ost und West zugrunde. Die Massen und ihre Führer machen sich jedoch nicht klar, daß es kein wesentlicher Unterschied ist, ob man das Weltprinzip männlich und Vater (Geist) nennt, wie es der Westen tut, oder weiblich und Mutter, wie die Kommunisten es bezeichnen. Im Grunde wissen wir von dem einen ebensowenig wie vom anderen. Früher wurden diese Prinzipien in vielfältiger Weise rituell verehrt, was immerhin die psychische Bedeutung zeigt, die sie einmal für die Menschen hatten. Heute dagegen sind sie nur noch abstrakte Begriffe.

In dem Maße, wie unser wissenschaftliches Verständnis zugenommen hat, ist unsere Welt entmenschlicht worden. Der Mensch fühlt sich im Kosmos isoliert, weil er nicht mehr mit der Natur verbunden ist und seine emotionale «unbewußte Identität» mit natürlichen Erscheinungen verloren hat. Diese haben allmählich ihren symbolischen Gehalt eingebüßt. Der Donner ist nicht mehr die Stimme eines zornigen Gottes und der Blitz nicht mehr sein strafendes Wurfgeschoß. In keinem Fluß wohnt mehr ein Geist, kein Baum ist das Lebensprinzip eines Mannes, keine Schlange die Verkörperung der Weisheit, keine Gebirgshöhle die Wohnung eines großen Dämons. Es sprechen keine Stimmen mehr aus Steinen, Pflanzen und Tieren zu den Menschen, und er selbst redet nicht mehr zu ihnen in dem Glauben, sie verstanden ihn. Sein Kontakt mit der Natur ist verlorengegangen und damit auch die starke emotionale Energie, die diese symbolische Verbindung bewirkt hatte.

Dieser enorme Verlust wird durch die Symbole unserer Träume wieder ausgeglichen. Sie bringen unsere ursprüngliche Natur ans Licht – ihre Instinkte und eigenartigen Denkweisen. Leider drücken sie jedoch ihre Inhalte in der Sprache der Natur aus, die uns fremd und unverständlich ist. Daher müssen wir diese Sprache in die rationalen Worte und Begriffe unserer modernen Redeweise übersetzen, die sich von ihren primitiven Anhängseln befreit hat – insbesondere von der mystischen Teilnahme an den Dingen, die sie beschreibt. Wenn wir heutzutage von Geistern und anderen numinosen Gestalten sprechen, beschwören wir sie nicht mehr herauf. Die Kraft und die Herrlichkeit solcher einst mächtigen Worte ist vergangen. Wir haben aufgehört, an magische Formeln zu glauben; es sind nicht mehr viele Tabus und ähnliche Beschränkungen übriggeblieben. Und unsere Welt ist anscheinend desinfiziert von solchen numinosen Erscheinungen wie Hexen, Werwölfen, Vampiren, Buschseelen und all den anderen bizarren Wesen, die früher die Urwälder bevölkerten.

Die Oberfläche unserer Welt scheint also von allen abergläubischen und irrationalen Elementen gereinigt zu sein. Ob jedoch die wirkliche innere Welt des Menschen (nicht unsere Wunschvorstellung von ihr) auch von Primitivität befreit ist, bleibt eine andere Frage. Ist nicht die Zahl 13 immer noch für viele Leute tabu? Sind nicht immer noch viele Menschen von irrationalen Vorurteilen, Projektionen und kindlichen Illusionen besessen? Ein realistisches Bild des menschlichen Geistes enthüllt eine Menge solcher primitiver Züge und Überbleibsel, die immer noch ihre Rolle so spielen, als ob sich in den vergangenen fünfhundert Jahren nichts geändert hätte.

Der moderne Mensch ist wirklich eine eigenartige Mischung von Merkmalen, die er in seiner langen geistigen Entwicklung erworben hat. Mit diesem Menschen und seinen Symbolen haben wir es zu tun, und wir müssen seine geistigen Erzeugnisse wirklich gründlich erforschen. Skepsis und wissenschaftliche Überzeugung wohnen in ihm Seite an Seite mit altmodischen Vorurteilen, überholten Denkgewohnheiten, hartnäckigen Fehldeutungen und blinder Ignoranz.

Solcherart sind also die heutigen menschlichen Wesen, welche die Symbole produzieren, die wir Psychologen untersuchen. Um diese Symbolbedeutungen zu erklären, muß man wissen, ob die Darstellungen auf rein persönliche Erfahrungen bezogen sind oder ob sie von einem Traum zu einem bestimmten Zweck aus dem Vorrat der allgemein bewußten Kenntnis ausgewählt worden sind.

Nehmen wir zum Beispiel einen Traum, in dem die Zahl 13 vorkommt. Die Frage ist, ob der Träumer selbst an die unglückbringende Eigenschaft dieser Zahl glaubt oder ob der Traum nur auf Leute anspielt, die noch an solchen abergläubischen Vorstellungen festhalten. Die Antwort spielt bei der Interpretation eine große Rolle. Im ersteren Fall muß man damit rechnen, daß sich der Betreffende immer noch im Banne der Unglückszahl befindet und sich daher in einem Hotelzimmer mit der Nummer 13 oder an einem Tisch mit 13 Personen höchst unwohl fühlen wird. Im letzteren Fall bedeutet die 13 vielleicht nicht mehr als eine unhöfliche oder beleidigende Bemerkung. Der «abergläubische» Träumer spürt immer noch den «Zauber» der 13; der «vernünftige» Träumer hat die 13 ihrer ursprünglich emotionalen Obertöne beraubt.

Dieses Beispiel veranschaulicht die Art und Weise, wie Archetypen in der praktischen Erfahrung auftreten: Sie sind gleichzeitig Bilder und Emotionen. Man kann nur dann von einem Archetyp sprechen, wenn diese beiden Aspekte vorhanden sind. Ein bloßes Bild ist nur eine Wortillustration ohne besondere Folgen. Wenn das Bild aber mit Emotion geladen ist, gewinnt es an Numinosität (oder psychischer Energie); es wird dynamisch und hat zwangsläufig Wirkungen.

Ich weiß, wie schwer es ist, den Begriff des Archetyps zu verstehen, denn ich versuche ja, mit Worten etwas zu beschreiben, dessen Natur sich einer präzisen Definition entzieht. Aber da viele Leute die Archetypen behandeln, als ob diese Bestandteile eines mechanischen Systems wären, das man mit einiger Übung erlernen kann, muß ich betonen, daß es nicht nur Namen oder philosophische Begriffe sind. Es sind Bestandteile des Lebens selbst – Bilder, die mit dem lebendigen Menschen durch die Brücke der Emotionen verbunden sind. Deshalb ist es unmöglich, einem Archetyp eine willkürliche (oder allgemeingültige) Deutung zu geben. Man muß ihn so deuten, wie es der Lebenssituation des betreffenden Menschen angemessen ist.

Im Falle eines frommen Christen kann also das Symbol des Kreuzes nur in seinem christlichen Kontext interpretiert werden – falls der Traum nicht einen sehr triftigen Grund für eine andere Deutung liefert. Und selbst dann sollte der spezifisch christliche Gehalt nicht außer acht gelassen werden. Man kann nicht sagen, das Kreuz habe zu allen Zeiten und unter allen Umständen dieselbe Bedeutung. Wenn man das tut, so beraubt man das Symbol seiner Numinosität; es verliert seine Lebenskraft und wird zum bloßen Wort.

Wer nicht den speziellen Gefühlston des Archetyps wahrnimmt, der sieht nur ein wirres Gemisch von mythologischen Begriffen, die man aufreiben kann, um zu zeigen, daß alle alles bedeuten können – oder auch gar nichts. Alle Leichen haben die gleiche chemische Zusammensetzung, aber lebendige Menschen nicht. Archetypen erwachen erst dann zum Leben, wenn man sich geduldig um ein Verständnis ihrer Bedeutung und Wirkungsweise im einzelnen Menschen bemüht.

Der bloße Gebrauch von Worten ist nutzlos, wenn man nicht weiß, wofür sie verwendet werden. Dies gilt besonders in der Psychologie, wo wir von Archetypen wie der Anima und dem Animus, dem weisen alten Mann, der Großen Mutter und anderen reden. Man kann alles über die Heiligen, Weisen, Propheten und andere fromme Männer wissen und über alle Großen Mütter der Welt. Aber wenn das bloße Bilder bleiben, deren Numinosität man nie erfahren hat, dann ist es so, als rede man im Traum; man weiß nicht, wovon man spricht. Die Worte, die man gebraucht, sind leer und wertlos. Sie erhalten erst dann Leben und

Sinn, wenn man sich bemüht, ihre Numinosität, das heißt ihre Beziehung zum lebendigen Menschen, zu sehen. Erst dann beginnt man zu verstehen, daß ihre Namen sehr wenig bedeuten, daß aber die Art und Weise, wie sie auf den Menschen *bezogen* sind, von höchster Wichtigkeit ist.

Die symbolbildende Funktion unserer Träume ist ein Versuch, den ursprünglichen Geist des Menschen in das «fortschrittliche», differenzierte Bewußtsein zu bringen, wo er nie vorher war, weshalb er auch nie einer kritischen Selbstbetrachtung unterworfen werden konnte. Denn in längst vergangenen Zeiten bestand die ganze menschliche Persönlichkeit aus diesem ursprünglichen Geist. Als sich das Bewußtsein entwickelte, verlor der bewußte Geist den Kontakt zu einem Teil dieser primitiven psychischen Energie. Und der bewußte Geist hat den ursprünglichen Geist nie gekannt, weil dieser bei der Entfaltung eines sehr differenzierten Bewußtseins, welches allein ihn erkennen könnte, abgestreift wurde.

Aber anscheinend hat das, was wir das Unbewußte nennen, primitive Kennzeichen bewahrt, die einen Bestandteil des ursprünglichen Geistes bildeten. Auf diese Merkmale beziehen sich die Traumsymbole ständig, als ob das Unbewußte versuchte, alles, wovon sich der Geist während seiner Entwicklung befreit hatte, wieder zurückzubringen – Illusionen, Phantasien, archaische Denkweisen, grundlegende Instinkte usw.

Hieraus erklärt sich, warum Menschen sich oft nur widerstrebend mit unbewußten Inhalten beschäftigen, manchmal sogar Angst davor haben. Diese übriggebliebenen Inhalte sind nicht neutral oder indifferent. Sie besitzen im Gegenteil eine so starke Ladung, daß sie oft mehr als nur unangenehm sind. Sie können wirkliche Angst verursachen. Je mehr sie unterdrückt werden, desto eher breiten sie sich in Form einer Neurose über die ganze Persönlichkeit aus.

Ihre psychische Energie ist es, die ihnen eine so lebenswichtige

Bedeutung verleiht. Es ist gerade so, als wenn ein Mensch, der in einer Periode der Unbewußtheit gelebt hat, plötzlich feststellt, daß in seinem Gedächtnis eine Lücke ist, daß wichtige Ereignisse stattgefunden haben müssen, an die er sich nicht erinnern kann. Soweit er annimmt, die Psyche sei eine ausschließlich persönliche Angelegenheit (und das ist die gewöhnliche Vermutung), wird er versuchen, die offenbar verlorenen Kindheitserinnerungen wieder zurückzugewinnen. Aber die Lücken in seinen Erinnerungen sind nur die Symptome eines viel größeren Verlustes – des Verlustes der primitiven Psyche.

Ebenso wie die Entwicklung des Embryos die Vorgeschichte wiederholt, so entwickelt sich auch der Geist durch eine Serie von prähistorischen Stufen. Die Hauptaufgabe der Träume ist es, eine Art «Erinnerung» an das Prähistorische wie auch an die kindliche Welt bis hinunter zu den primitivsten Instinkten zu erwecken. Solche Erinnerungen können in manchen Fällen eine bemerkenswerte Heilwirkung haben, wie Freud schon vor langer Zeit erkannte. Diese Beobachtung bestätigt die Ansicht, daß eine Kindheitserinnerungslücke (eine sogenannte Amnesie) einen wirklichen Verlust darstellt und eine Wiederentdeckung einen Zuwachs an Leben und Wohlbefinden bringt.

Da ein Kind körperlich noch klein ist und seine bewußten Gedanken knapp und einfach, erkennen wir nicht die weitreichenden Komplikationen des kindlichen Geistes, die auf seiner ursprünglichen Identität mit der prähistorischen Psyche basieren. Dieser «ursprüngliche Geist» ist im Kind immer noch tätig, wie wir bei den Träumen des kleinen Mädchens gesehen haben.

Kindheitserinnerungen und die Reproduktion archetypischer Verhaltensweisen können einen weiteren Gesichtskreis und eine Ausdehnung des Bewußtseins bewirken – falls es gelingt, die verlorenen und wiedergefundenen Inhalte dem Bewußtsein zu assimilieren und zu integrieren. Da diese nicht neutral sind, wird ihre Aneignung die Persönlichkeit verändern, ebenso wie sie selbst sich gewissen Veränderungen unterziehen müssen. In diesem Abschnitt des sogenannten «Individuationsprozesses» spielt die Deutung von Symbolen eine wichtige praktische Rolle. Denn die Symbole sind natürliche Versuche, Gegensätze innerhalb der Psyche miteinander zu versöhnen und zu vereinigen.

Wenn auch die Formen der Archetypen zu einem gewissen Grad auswechselbar sind, so bleibt doch ihre Numinosität eine Tatsache und bildet den *Wert* eines archetypischen Geschehens. Diesen emotionalen Wert muß man während des ganzen intellektuellen Vorgangs der Trauminterpretation im Auge behalten. Man übersieht ihn nur zu leicht, weil Denken und Fühlen einander diametral entgegengesetzt sind, so daß das Denken fast automatisch die Gefühlswerte abdrängt. Die Psychologie ist die einzige Wissenschaft, die den Wertfaktor (das heißt das Gefühl) in Rechnung stellen muß, weil dieser das Bindeglied zwischen psychischen Ereignissen und dem Leben ist. Man macht der Psychologie oft den Vorwurf der Unwissenschaftlichkeit; aber die Kritiker übersehen dabei die wissenschaftliche und praktische Notwendigkeit, dem Gefühl seinen gebührenden Platz einzuräumen.

# Die Heilung der Spaltung

Unser Verstand hat eine neue Welt geschaffen, die die Natur beherrscht; er hat diese Welt mit monströsen Maschinen bevölkert, die sich als so nützlich erweisen, daß wir keine Möglichkeit sehen, sie je wieder loszuwerden. Der Mensch ist gezwungen, den abenteuerlichen Eingebungen seines wissenschaftlichen und erfinderischen Geistes zu folgen und sich selbst wegen seiner hervorragenden Errungenschaften zu bewundern. Gleichzeitig hat sein Genius die unheimliche Tendenz, Dinge zu erfinden, die immer gefährlicher werden, weil sie immer bessere Mittel für einen Selbstmord großen Ausmaßes bieten.

Angesichts der rasch anwachsenden Erdbevölkerung hat der Mensch bereits begonnen, nach Mitteln und Wegen zu suchen, um die steigende Flut einzudämmen. Aber die Natur kann allen unseren Versuchen zuvorkommen, indem sie den schöpferischen Geist des Menschen gegen ihn selbst richtet. Die H-Bombe zum Beispiel würde der Übervölkerung ein wirksames Ende setzen. Trotz unserer stolzen Beherrschung der Natur sind wir doch noch immer ihre Opfer, denn wir haben noch nicht einmal gelernt, uns selbst unter Kontrolle zu halten. Langsam, aber scheinbar unausweichlich gehen wir dem Verderben entgegen.

Es gibt keine Götter mehr, die wir um Hilfe anrufen könnten. Die großen Weltreligionen leiden unter zunehmender Blutarmut, weil die hilfreichen Numina aus den Wäldern, Flüssen und den Tieren geflohen und die Gottmenschen im Unbewußten verschwunden sind. Dort, so meinen wir, führen sie eine schmachvolle Existenz zwischen den Überresten unserer Vergangenheit. Unser gegenwärtiges Leben wird von der Göttin Vernunft regiert, die unsere größte und tragischste Illusion ist. Mit Hilfe der Vernunft, so reden wir uns ein, haben wir «die Natur besiegt».

Aber das ist ein bloßes Schlagwort. Denn die sogenannte Eroberung der Natur hat uns die Übervölkerung eingebracht, und unsere Schwierigkeiten werden noch vermehrt durch unsere Unfähigkeit, die notwendigen politischen Vorkehrungen zu treffen. Es bleibt für die Menschen weiterhin ganz natürlich, miteinander um den Vorrang zu streiten und zu kämpfen. Inwiefern haben wir also «die Natur besiegt»?

Da jede Veränderung irgendwo beginnen muß, wird es der Einzelmensch sein, der sie erfährt und durchführt. Die Veränderung muß beim einzelnen beginnen; jeder von uns kann dieser einzelne sein. Niemand kann es sich leisten, einfach umherzublicken und auf jemanden zu warten, der das tun soll, was man selber nicht tun will. Da aber offenbar niemand weiß, was zu tun ist, könnte es der Mühe wert sein, wenn jeder von uns zusehen würde, ob nicht sein eigenes Unbewußtes einen Ausweg kennt. Der bewußte Verstand kann in dieser Hinsicht kaum etwas Nützliches leisten; der heutige Mensch ist sich schmerzlich der Tatsache bewußt, daß weder seine großen Religionen noch seine verschiedenen philosophischen Systeme ihn mit den machtvollen, belebenden Ideen versorgen können, die ihm die Sicherheit gäben, die er angesichts der heutigen Weltlage benötigt.

Ich weiß, die Buddhisten würden sagen: Alle Dinge wären in Ordnung, wenn die Menschen nur dem «edlen achtfachen Pfad» des *Dharma* (Lehre, Gesetz) folgen würden und wahre Einsicht in das Selbst hätten. Der Christ sagt uns, wenn wir nur an Gott glaubten, hätten wir eine bessere Welt. Der Vernunftmensch behauptet, wenn die Menschen intelligent und vernünftig wären, könnten alle unsere Probleme gelöst werden. Das Verdrießliche ist, daß niemand von diesen allen die Probleme selbst lösen kann.

Christen fragen oft, warum Gott nicht zu ihnen spreche, wie er es in früheren Zeiten getan haben soll. Wenn ich solche Fragen höre, denke ich immer an den Rabbi, der gefragt wurde, wie es käme, daß Gott sich früher den Menschen so oft gezeigt habe, heutzutage aber niemand ihn mehr zu sehen bekomme. Der Rabbi antwortete: «Heutzutage gibt es niemanden mehr, der sich tief genug bücken kann.»

Diese Antwort trifft den Nagel auf den Kopf. Wir sind von unserem subjektiven Bewußtsein so gefangen und eingewickelt, daß wir die jahrhundertealte Tatsache vergessen haben, daß Gott hauptsächlich in Träumen und Visionen spricht. Der Buddhist tut die Welt der unbewußten Phantasien als nutzlose Illusion ab; der Christ stellt seine Kirche und seine Bibel zwischen sich und sein Unbewußtes, und der rational denkende Intellektuelle weiß noch nicht, daß sein Bewußtsein nicht seine ganze Psyche ist. Die Ignoranz besteht immer noch, trotz der Tatsache, daß seit über siebzig Jahren das Unbewußte ein grundlegendes wissenschaftliches Konzept darstellt, das für jede ernsthafte psychologische Forschung unerläßlich ist.

Wir dürfen uns nicht länger zu gottähnlichen Richtern über Verdienste und Fehler natürlicher Erscheinungen aufwerfen. Wir gründen unsere Botanik nicht auf die altmodische Einteilung in nützliche und nutzlose Pflanzen oder unsere Zoologie auf die naive Unterscheidung zwischen harmlosen und gefährlichen Tieren. Aber immer noch behaupten wir, nur Bewußtsein sei sinnvoll, das Unbewußte dagegen Unsinn. In der Naturwissenschaft wäre eine derartige Behauptung lächerlich. Haben zum Beispiel Mikroben einen Sinn, oder sind sie Unsinn?

Was auch immer das Unbewußte sonst noch sein mag, es ist eine Naturerscheinung, die Symbole produziert, welche sich als bedeutsam erweisen. Wir können von einem Menschen, der noch nie durch ein Mikroskop geschaut hat, nicht erwarten, daß er eine Autorität auf dem Gebiet der Mikroben ist; ebenso kann man niemanden, der natürliche Symbole noch nicht ernsthaft untersucht hat, als kompetenten Richter in dieser Sache ansehen.

Obgleich die katholische Kirche das Vorkommen von *somnia a Deo missa* (gottgesandte Träume) zugibt, machen die meisten ihrer Denker keinen ernsthaften Versuch, Träume zu verstehen. Ich bezweifle, daß es eine protestantische Abhandlung oder Lehre gibt, die sich so weit herabläßt, die Möglichkeit zuzugeben, man könne die *vox Dei* im Traum wahrnehmen. Wenn aber ein Theologe wirklich an Gott glaubt, wie kann er dann annehmen, Gott sei nicht imstande, durch Träume zu sprechen?

Ich habe mehr als ein halbes Jahrhundert mit der Erforschung von natürlichen Symbolen verbracht und bin zu dem Schluß gekommen, daß Träume und ihre Symbole keineswegs töricht und bedeutungslos sind. Träume liefern im Gegenteil hochinteressante Informationen für diejenigen, die sich die Mühe geben, die Traumsymbole zu verstehen. Die Ergebnisse haben zwar wenig mit so weltlichen Dingen wie Kauf und Verkauf zu tun; aber die Bedeutung des Lebens wird nicht erschöpfend mit dem geschäftlichen Leben erklärt. Auch läßt sich die tiefe Sehnsucht des menschlichen Herzens nicht mit einem Bankkonto erfüllen.

In einer Periode der menschlichen Geschichte, da alle verfügbare Energie auf die Erforschung der Natur verwandt wird, untersucht man zwar die bewußten Funktionen des Menschen, aber der wirklich komplizierte Teil des Geistes, der die Symbole hervorbringt, ist immer noch weitgehend unerforscht. Es scheint fast unglaublich, daß, obwohl wir jede Nacht von dort Signale empfangen, eine Entzifferung dieser Mitteilungen den meisten Menschen zu lästig erscheint. Das bedeutendste Instrument des Menschen, seine Psyche, wird kaum beachtet, oft sogar mit Mißtrauen und Verachtung angesehen: «Das ist bloß psychologisch» heißt sehr häufig: Es bedeutet gar nichts.

Woher kommt dieses immense Vorurteil? Wir sind offenbar so

sehr mit der Frage beschäftigt, was wir selber denken, daß wir ganz vergessen zu fragen, was die unbewußte Psyche eigentlich über uns denkt. Die Ideen von Sigmund Freud bestätigten für die meisten Leute die bereits bestehende Verachtung der Psyche. Vorher war sie einfach übersehen worden; heute ist sie ein Abfallhaufen für moralischen Kehricht.

Dieser Standpunkt ist ganz sicher einseitig und ungerecht. Unsere tatsächliche Kenntnis des Unbewußten zeigt, daß es sich dabei um ein natürliches, *neutrales* Phänomen handelt, das alle Aspekte der menschlichen Natur – Hell und Dunkel, Gut und Böse – enthält. Das Studium der individuellen wie auch der kollektiven Symbolik steht erst in den Anfängen; aber die ersten Ergebnisse sind ermutigend und scheinen auf viele bisher unbeantwortete Fragen der heutigen Menschheit eine Antwort anzudeuten.